新世界新思想译丛
编辑委员会

学术顾问

俞可平 俞吾金

主任

薛晓源

副主任

贾宇琰

成员

（按姓氏笔画排序）

王忠波 邓 彤 冯 章
李小燕 李媛媛 杜永明
苗永姝 侯天保 霍星辰

| 新世界新思想译丛 | New World New Ideas

百年世事：
德国原总理施密特与美国历史学家斯特恩对话录
Unser Jahrhundert: Ein Gespräch

〔德〕赫尔穆特·施密特 Helmut Schmidt   /著
〔美〕弗里茨·斯特恩 Fritz Stern

王容芬／译

中央编译出版社
CCTP Central Compilation & Translation Press

赫尔穆特·施密特（Helmut Schmidt），德国前总理，世界政坛备受尊重的政治家。曾于1975年应周恩来之邀来到中国，是第一位访问中国且唯一一位与毛泽东见过面的德国总理。他从政期间，积极促成德国与中国的建交。在西方世界，他被认为是在经济政策上卓有建树的"伟人"，政治、军事上"杰出的战略思想家"。自1983年起作为德国《时代周报》（Die Zeit）的联合发行人，兼任由其本人参与发起的德国国家基金会名誉主席，前国家领导人俱乐部名誉主席。他对中国人民抱以友好感情，长期关注中国的历史和文明；退休后来过中国15次，中国成了他后半生研究的焦点课题。已出版《论均势战略》、《西方战略》、《伟人与大国》、《理解中国》等富有影响力的著作。

弗里茨·斯特恩（Fritz Stern），1926年出生于德国的布雷斯劳（弗罗茨瓦夫，现属波兰），1938年移居美国。哥伦比亚大学荣誉教授，著名的犹太人史、现代欧洲史特别是德国史史学家，获得过多项国际大奖，曾在理查德·霍尔布鲁克（Richard Holbrooke）任美国驻德国大使期间，于1993—1994年担任美国驻波恩大使馆高级顾问。已出版《文化绝望的政治》（1961）、《权力的责任》（1967）、《非自由主义的失败——现代德国政治文化论文集》（1972）、《金与铁：俾斯麦、布莱希罗德与德意志帝国的建立》（1977）、《梦想与错觉：德国历史的戏剧》（1999）和《我所认识的五个德国》（2007）等著作。

目 录
Contents

中文版序　/ I
德文版序　/ I

第一天上午　 /001
　　历史意识——入侵俄罗斯——1941年——美国参战——德国与波兰——兹比格涅夫·布热津斯基——美国东海岸——布什父子——门罗主义——阿尔弗雷德·塞耶·马汉——亚利克西斯·德·托克维尔——**美中关系**——**中国崛起**——再谈东海岸——麦克洛伊、基辛格、切尼——新保守党人——美国与以色列——德国是否对以色列负有责任？——德国的反犹主义——亚尔马·沙赫特的凯恩斯主义——希特勒的早期成就——意想不到的事情发生了：大屠杀

第一天下午　 /039
　　表率——托马斯·杰斐逊——灭绝印第安人——英雄崇拜——托马斯·卡莱尔——尤利乌斯·朗贝恩——德国的非理性——尼采语录——焚书——1939年——礼崩乐坏——德国人知道哪些？——德国缺乏政治教育——普鲁士改革——洪堡兄弟——《联邦党人文集》——《凡尔赛条约》——"一战"——鲁登道夫·兴登堡——可怕的军人特权——魏玛前景——托马斯·曼——德国学者

第二天上午　 /081
　　全集——杰拉尔德·福特——美国副总统的作用——洛克菲勒兄弟——新媒体——阿登纳、科尔与电视——互联网：风险与机遇——媒体的权力——**为奥巴马竞选**——政党财源——艾森豪威尔——美国宪法——对比：宪法——自由民主党——经济自由主义——为什么我们需要国际规则？——说财富——新旧价值观——政治与道德——各种传统——教育——移民命运——联邦共和国初期

第二天下午 /121

以色列：一个棘手的题目——冲突的根源——格尔松·布莱希罗德——俾斯麦——**德国人的俾斯麦热**——戈尔巴乔夫——苏联解体——勃列日涅夫——波兰的先驱作用——欧安会——人权第三项——昂纳克——统一的麻烦——经济玩忽职守——政治里的真理——作为政治工具的妥协——金融危机的尺度——美国的公共债务——寄望奥巴马——保护主义的危险——资本主义到底是什么？

第三天上午 /163

医生——美国医疗卫生制度——人道主义干预——建国——伊拉克——国际派兵——欧洲新的战争观念——美国克服仇外心理——去加拿大旅行——马克思主义——**历史上德国的社会民主有多么马克思主义？**——**马克思主义的历史意义**——工人运动史——贝弗里奇计划——社会正义——魏玛的终结——整体失败——民主开端——联邦共和国早期的右翼思潮

第三天下午 /199

肯尼迪——约翰·保罗二世——美国在欧洲重建中的作用——欧盟奇迹——英国人的特殊作用——核威胁与不结盟条约——欧盟的过度扩张——土耳其不能加入欧盟——西班牙与葡萄牙——雅鲁泽尔斯基和宣布波兰戒严——德国在欧盟的未来角色——不能把欧盟降为欧元——金融危机的教训——智囊团——咨询与决策——一首诗

译名表 /222

译后记 /236

中文版序

　　2009年夏天，友人弗里茨·斯特恩来汉堡家中作客，我们交谈时第一次录了音。是内子们建议我们这样做的，因为一年前我们交谈时她们在场，觉得很有意思。弗里茨·斯特恩和我就天南地北的题目谈了三天，看这本书就知道我们说了些什么了。出乎我们的想象，德国读者认为一个曾经的政治家和经济学者、至今笔耕近三十年的时评作者与一位德高望重的历史学家的谈话具有可读性，书的销售量很高。

　　更令弗里茨和我吃惊的是，我们听说，我们这本谈话录将在中国出版。中国读者会对一个欧洲人和一个美国人以历史、政治、社会、经济课题为主的问答感兴趣吗，也许他们会觉得两位老先生有时各执己见、针锋相对有趣。

　　我们非常关注中国读者的反应。不管怎么说，中国读者在这本书里不仅能读到一点点本国的事，还能了解一些美国、欧洲甚至世界历史。

赫尔穆特·施密特

2013 年 1 月 13 日

德文版序

1976年4月,在柏林我们两个都极为敬重的恩斯特·罗伊特纪念会上,我们初次相见。此后,我们一再就历史和政治问题交换意见。我们感到有缘,缘分与日俱增,铸成友谊。2007年10月,我们参加汉堡文学会堂题为"五个德国和一次人生"的恩斯特·罗伊特纪念会,接着分组讨论,时间不长。与我们同组同桌的尼娜·格鲁纳贝格头一个发言,认为这次交谈没录音太可惜了。我们应当继续这种交谈,下次务必要录音。

这一年夏天,我们在勃拉姆湖聚会。头两天跟以往一样交谈,第三天改弦更张。每个人事先把准备向别人提出的问题写下来,讨论时录音。我们的夫人也积极参与讨论,给了我们大力支持;她们还一直批评、鼓励、跟进往后的进展。因此,我们首先要感谢罗吉·施密特和伊丽莎白·西夫桐。谈话记录鼓励我们继续努力。从2009年6月22日到24日,我们在汉堡长号区施密特家里谈了三天,成了这本书。每天11点开始,一直谈到傍晚,才关上录音机。中午稍事休息,好天就到园子里吸吸新鲜空气。

在准备谈话时,托马斯·卡尔劳夫给了我们无可替代的帮助,他把三天马拉松谈话记录整理成初稿。三个上午和三个下午的划分保留了下来,整理出来的谈话与实际进程一致。有时有些段落被归入更大点的题目,添加些关键词,2008年夏天的头一轮谈话的内容合并了进来。校对了人名与数据,悄悄抹掉了个别小错和吃不准的地方。但是，所有给谈话增色添彩的——一挥而就的、柳暗花明的、触景生情的——都尽量保存了下来；同样保存的还有语言风格。需要指出一点，我们谈话的早期部分在奥巴马当选之前，主体部分在其当选之后。我们两人都对各自的段落进行了修订，期间悟出，这样一本谈话集子尽管分开谈这个或那个题目，也不可能达到穷根究底的目的。我们更注重于谈及我们关心的诸多题目，把自己的立场同对方的比较，在观点不同之处深入阐释、交流。

《百年世事》不是一本历史书。因此，我们达成共识，吃不准，干脆保留即兴回答和自发词语，对于文字，既不事后刻意修饰，也不生搬硬套。2009年12月2日和3日，我们在柏林共同定了稿。

并非对每个问题的回答和每个判断都言之有据。我们知道，在这样一席谈中，难以涉及每个题目的方方面面。我们也清楚，高寿未必睿智。不过我们希望，题目的多姿多彩和双方的唇枪舌战能弥补读者可能感到的不足之处。一个根在德国的美国史学家和一个不在职的德国政治家围绕他们经历的世纪和世界的重大问题交流记忆、经验和观点。交谈伊始，我们就明白，不可能找到完满答案，但可能在探讨这个或那个问题时前进一步。到最后，我们感到彼此都受益匪浅。如果这位或那位读者也能从中获益，这一席谈对于我们就太值了。

在此，谨向德特勒夫·菲尔肯、尼娜·格鲁纳贝格、托马斯·卡尔劳夫、沃尔夫·莱波尼斯、马尔克·马祖维尔和特奥·索默尔以及布丽吉特·克吕格-彭斯基、卢瑟玛丽·尼迈尔和阿民·罗尔芬克致以谢意。

赫尔穆特·施密特　弗里茨·斯特恩
2009年12月3日于柏林

第一天上午

历史意识——入侵俄罗斯——1941年——美国参战——德国与波兰——兹比格涅夫·布热津斯基——美国东海岸——布什父子——门罗主义——阿尔弗雷德·塞耶·马汉——亚利克西斯·德·托克维尔——**美中关系**——中国崛起——再谈东海岸——麦克洛伊、基辛格、切尼——新保守党人——美国与以色列——德国是否对以色列负有责任?——德国的反犹主义——亚尔马·沙赫特的凯恩斯主义——希特勒的早期成就——意想不到的事情发生了:大屠杀

施密特：弗里茨，请！

斯特恩：赫尔穆特，您在《卸任》一书里多次提到，历史意识对一个政治家何等重要。您可以想象，这话对我的启发很大。我的问题是：您什么时候用得着历史意识？为什么？

施密特：这个得往前推，15岁念中学的时候，我就已经独立思考了，用一个中学生非常幼稚的方式读了许多与历史有关的书。我们的班主任汉斯·罗马，同时也是我们的历史老师。本来他该管奥拓一、二、三世们，可是还没等他进教室，我，还有一个叫于尔根·雷梅的同学，就缠着他问起当代史的事来了：您说说，埃姆斯急电，还有俾斯麦，到底是怎么回事？然后就讨论起来，嚇，真来情绪，全班同学洗耳恭听。一个钟头过去了。下课铃响了，老师说："回去准备下节课，阅读历史课本第几页到第几页。"弗里茨，现在回到您的问题上来。说实话，我从来没想过历史的用处。不管怎么说，至今清清楚楚记得念中学的时候如何关注拿破仑远征俄罗斯的命运。希特勒对俄国一开战，我就知道德国必输无疑。德国人的命运准跟法国人一样：先赢16场，最后俄国人会靠地广人多获胜。1941年6月，我这样看，人们并不鼓励，罗吉也有类似想法。然而这种认知是否有用，我宁愿持怀疑态度。

斯特恩：那时候能跟别的军人家属说这种看法吗？还是只能自己

知道，闷在肚里？

施密特：军队高层和总参谋部的军官里肯定有人议论战争可能的结局，可惜小兵施密特进不了这个层次。我记得，1941年夏天俄国战役开始时，我遇见家父的一位朋友，他比我年长一辈，我称他赫尔曼叔叔。赫尔曼叔叔身着空军上尉军服，我穿空军少尉服。一次，我们在不来梅赫尔曼叔叔和家父的一位共同朋友的遗孀家里相遇。我对他说：这回结局跟拿破仑远征军在莫斯科那回一样。我们将大败而归，最后全都住地洞。运气好了，也许住兵营，德国新建筑就叫"兵营"。赫尔曼叔叔火了——我觉得他这人有点儿纳粹派头，但吃不准他是不是纳粹。不管怎么说，他没告发我。我猜想，这一类的谈话在一些角落里还有。

斯特恩：我想，您说的那次谈话是在1941年12月以后，从莫斯科撤兵以后。

施密特：那次谈话，我记得清清楚楚是在年中之前。

斯特恩：这就不寻常了。如果武装部队的普通士兵担忧起战争结局来，那么，我猜想，应该在莫斯科挫败之前。

施密特：上等兵里——只要他们自己在一起时——肯定有上千次这样的交谈。

斯特恩：我不过是想说，第一个月进攻如此神速，以至于人们可能会猜想——

施密特：不错，直到12月的成功进攻，最初肯定遏止了不少批评者。

斯特恩：开头肯定有不少人相信，武装部队打了这么多胜仗，这回也错不了。近期研究结论也证实了这一点。

施密特：没人欢欣鼓舞，没有，肯定没有。如果我问您对1941

年战事的印象，俄国战争开始时，您是一种什么样的感受，您会怎么回答呢？您已经感到要败了吗？您那时多大？

斯特恩：我那时 15 岁，我记得清清楚楚，1941 年 6 月 22 日那天，刚一发起对苏联的进攻，我顿时有一种轻松的感觉。英国人单独挑不起来，这没说的；我们，美国人，还没参战。现在拥有百万大军的俄国人跟纳粹交战了，单单这一事实就够德国一个呛。后来警惕起来，因为德国进军闪电之快，俄国损失惨重。我非常清楚地记得 12 月 6 号，俄国人从莫斯科发起第一次反攻，这是对德军的沉重打击。往后的一周是世界史的一周：先是日本人攻击珍珠港，接着，几乎是同时，希特勒向美国宣战，同时激进推行灭绝犹太人的政策。希特勒对美宣战，在我，至今不可思议。

施密特：完全不可思议！

斯特恩：无论如何，罗斯福可以放手大干了。因为大多数美国人反对美国插手战争，要不是希特勒挑衅，真不知道罗斯福怎么能批美国参战。希特勒这一宣战，给他帮了天大的忙。接着，罗斯福决定西线，也就是希特勒，是主要对手，当前大敌，这也是他最重要的军事顾问乔治·C.马歇尔的决策。这是决定性的，没有希特勒宣战，要棘手得多。

施密特：也许珍珠港就足可以打起来了。

斯特恩：是，对日作战是绝对的。但是罗斯福坚信，希特勒是最大的危险。就是说，一面扩大对日战争，一面说我们同时还和英国人并肩对德国作战，这不那么好说。希特勒给他帮了忙。

施密特：我想再回过头来说您最初的问题，军队里，士兵之间，是否有这种议论。我记得还有一例，是在1945年初。我们从阿尔登南战役撤军，我和我所在的炮兵连属于一个很大的拉丁数字编号的坦克团，番号我忘了。毋庸讳言，结局将是一场灾难。我对我的指挥官说："我们在这里干的，整个是瞎胡闹。还有很多人得死在这里，明白点儿的话，就让美国人进入德国，爱多远多远，而我们在东线坚持多久是多久。"指挥官说："就当我没听见算了。"就这么回事。

斯特恩：非常高尚！

施密特：就是。

斯特恩：但仅仅是在快结束时。

施密特：肯定是在1945年下半年。

斯特恩：我再说一遍：从外部看，不能设想，一个普通士兵在6月22日到12月6日的闪电进攻中会没有我们必胜的感觉，尽管这一切非常血腥，代价非常之高。

施密特：我不过是一个普通大兵，一个小小少尉。您说的这种感觉，我没有过。

斯特恩：这真令人吃惊。五周拿下波兰，六周拿下法国，接着直到深秋对俄战争的领土收益——许多士兵势必会有局势不错的感觉。

施密特：一般来说，一个小兵，二等兵和一等兵，不去想战争的结局。他想的只是，老婆或女友最后一次来信是什么时候、今天晚上吃什么好的。

斯特恩：要是能活过来——

施密特：怎么避免在俄国被俘。小兵怕在俄国被俘，怕受重伤。这是他承受的，是精神之苦，不是战争的结局。

斯特恩：可是有一种——怎么说呢——对俄战争与先前的战役有本质的区别。我想问的是：普通士兵是否对血腥——

施密特：这个我无法评价。我没参加过任何一次战役。我也许能评价灌输给几代德国人的顺从。德国广大群众知道，我们输了"一战"，他们不知道这"二战"会有怎样的结局。但是他们知道，"一战"中我父亲服从命令，我也必须这样。先不说人对命令的看法，这命令是否明智，他必须服从，这是不言而喻的。同样不言而喻的是，要是可以，就回避命令。

斯特恩：1918年到1933年间，有那么多德国人不能相信德国输了。多数人真的相信是革命的暗箭造成的。

施密特：没错，但是在"二战"中，这种疑虑在我们青年一代里没市场了。

斯特恩：就是说，书归正传，人们从历史学到了东西？

施密特：我想，弗里茨，这是一个不需回答的问题。您想知道，我是否用上了我的历史知识，于是我以拿破仑为例，指出它1941年帮我从现实角度看清了俄国战役必败。同样可以指出，50年代——那时我是一个年轻的议员——我对波兰历史那点极其肤浅的知识，帮助我理解了当时的波兰外长亚当·拉帕茨基。那时有两个拉帕茨基计划，第二个是第一个的修订本。我那时大概是40岁，作为年轻的议会发言人考察了这两个计划，决定支持。在此基础上我作了一个报告，认为西方应当接受拉帕茨基先生的基本想法并与其谈判，虽然明知西方不会这样做。这涉及在中欧建立一个无核区，包括波兰东部、民主德国，后来又加进捷克斯洛伐克，西方一边是联邦德国。

斯特恩：波兰是一个很好的例子。没有任何地区能比德国—波兰关系更能说明历史事实知识的重要性了。理查德·封·魏茨泽克说过，从"二战"的历史责任看，德国对波兰负有某种特殊的责任。您有类似的说法吗？

施密特：我说对波兰负有某种极高的责任。"特殊的责任"这种表达，听起来好像这种责任相对于我们与其他国家和政府的关系非常特殊似的。

斯特恩：我仍然要说说"特殊的责任"。对波兰的毁灭性破坏，我指的是……

施密特：我认为，从德国历史来看，我们的波兰邻国极其重要，仅次于我们的法国邻国，但先于远邻俄国，或更远的远邻英国。

斯特恩：德国和法国之间有过多次战争，法国人17世纪毁灭了德国某些部分。但从没有过像德国从1939年起占领波兰那样灭绝人性。除了在波兰和后来在俄国，德军在任何时间任何地方都没有造下那么多孽。

施密特：同意。但这之前，18世纪末，波兰被沙皇俄国、普鲁士王国和奥地利瓜分了三次，这在之前。这三次瓜分波兰，我是在学校里学的。后来波兰又被瓜分了两次，即第四次希特勒和斯大林，第五次斯大林专制下的瓜分。实际上波兰被瓜分了五次。

斯特恩：最后那次斯大林并没瓜分波兰，而是将边界往前推了。如果德国人以1939年到1945年间波兰发生的事情为基础，对波兰负起一种——也许我们能找到一个共同词——"杰出的责任"，那么，这也适用于俄国。

施密特：这个，我想，我不能同意。因为俄国人毕竟赢了战争。

斯特恩：其次，他们自己也对东欧犯下了严重罪行。就是说，对俄国没有什么特殊责任可言。

施密特：正是如此。

斯特恩：波兰于是成了一个，如您所言，一再受其邻国伤害的弱小民族。波兰夹在一个西方大国和一个东方大国之间。波兰人只能忍受大国暴君，尤其是希特勒和斯大林的统治。但是，如果德国人认识到自己的责任，而波兰从长远来看也不总觉得自己是受害者，就行了。波兰人更应该看到，许多德国人不仅意识到他们的责任，而且努力付诸实践。

施密特：两国关系一如既往艰难。谁也不能说，有什么友谊。如果听听卡钦斯基哥俩说的，就知道他们是从自己的民族历史意识出发说话的。这可以理解，但不能成为友谊。

斯特恩：是不能。

施密特：早在"一战"之后，关系就已恶化。虽然有几位德国人和法国人，例如施特雷泽曼和白里安，双方有和解的意愿，但是，德国方面对波兰没有这种意愿。

斯特恩：根本没有。

施密特：古斯塔夫·施特雷泽曼想要回部分昔日普鲁士省，拒绝了东线《洛迦诺公约》。

斯特恩：没错。可惜法国人和英国人没坚持东线洛迦诺。还得补充一句，施特雷泽曼打算**和平**修改波兰边界。

施密特：他不是战争狂，不是，他不是。他想要的是修改。

斯特恩：在德国履行一个东线《洛迦诺公约》，政治上会有更多困难。在魏玛肯定得不到多数票支持。

施密特：德国人也不待见东线《洛迦诺公约》！

斯特恩：可以这么说。可是对东线洛迦诺，连政治意愿都没有，认为没这个必要，根本不想正常化。

施密特：正是这样。就此而言，我认为应当指出，老是把美国看成自由的保护人。

斯特恩：对，特别是"一战"之后。这跟威尔逊在他的"十四条"里宣布把波兰在政治上向独立国家改革作为欧洲和平条约的前提有关。

施密特：结果是，很多波兰人去了美国。

斯特恩：对。芝加哥一度是全世界第二个波兰大城市。

施密特：特别是许多波兰移民在芝加哥北边密歇根湖畔安家落户。布热津斯基是那里人吧？

斯特恩：据我所知，他出生在华沙，在五大湖另一边的蒙特利尔长大。

施密特：我是50年代认识布热津斯基的。我总觉得他极端仇恨俄国人，极端仇恨德国人。我必须承认，我一直不相信他能掂量自己的话。因为他那样绝对拒斥这两个邻国人民。

斯特恩：因为我确实了解他，所以我说，您只说对了一半。对俄国人，他确实有这种情绪，这没说的。对德国人，至迟在联邦德国加入北约以后，他把美国的观点变成了他自己的："我们需要德国人。"虽然谈不上亲密，但肯定不是对俄国人的那种感情。

施密特：我不知道该不该说，但我有一次差点把他从我的办公室轰出去。那时他是吉米·卡特的安全顾问，为这个事务来见德国总理。他跟我说话的派头非常傲慢、自负，找茬打架，把我肺都要气炸了。

斯特恩：您轰过人吗？

施密特：有个大主教，受梵蒂冈之命来为教皇访德打前站，我差点把他轰出去。他有个波兰姓氏，不过，我觉得他是美国人，因为记得他一口美国英语。他认为，教皇来德国访问一定要取得巨大成绩，你们德国人得为此支付大约2500万马克。我到什么时候也忘不了这话！后来联邦总统真的把他轰出去了。

斯特恩：我是在50年代末认识布热津斯基的，他来哥伦比亚看我们，我们是同事，有一位共同的朋友，于是我们也成了朋友。第一次与他长谈后，我对我们那位共同的朋友说："我见过的人里最有趣的非历史精灵。"一位非常有趣的但拘泥于理论的人。没多少历史意识或历史思维，他看什么都是从政治学的角度。记得在60年代初，我们说起匈牙利来，我们都刚刚去过匈牙利，彼此没关系，我告诉他，1956年10月苏联入侵匈牙利对我的震动，说到镇压，说到我几乎哭了。他拿起笔来，在纸上画了一个地图，说："好吧，如果在这里使用美国的核武器，那里就不可能入侵了。"我震惊了。

施密特：对我来说，他过去是，现在仍然是波兰浪漫主义者。

斯特恩：波兰是肯定的，但"浪漫主义者"这个词，我得跟您争一争了，因为他有某种现实政治的……

施密特：浪漫主义的现实政治家！——我们必须注意，弗里茨，别陷在这里头。兹比格涅夫·布热津斯基在我们书里本来没有太大的作用。

斯特恩：对。我想再简短地说说，60年代中期，我反对越战，希望兹比格涅夫能跟我一道。那时我在哥伦比亚成立了一个教授小组，讨论我们如何做才能改变美国的越南政策。在大学吃午饭时，我诚恳地告诉兹比格涅夫，我认为越南战争是厄运，因为这场战争违背我们本国的利益。他不能理解。我对他说："我得跟您坦白，我有个儿子，17岁，这肯定在我思想中起了作用。"兹比格涅夫的回答我永远不会忘记："我也有一个儿子，15岁。我宁可现在就把我们后面的事了了。"他指的，我想，不仅仅越南，如果跟中国打仗，最好现在就打，趁现在还不让他儿子去。可怕啊！您明白我的意思吗？

施密特：非常明白。所以我们现在该换个题目了。老头子以为年轻的一代没他们那一代能干，鉴于存在着步老头子狂妄自大的后尘的危险……

斯特恩：我也属于那一代……

施密特：想到这种危险，我就要正视这种危险，说今天一代政治家对历史相对不感兴趣。至少在我的国度，在德国是这样。我猜想，在美国也好不到哪去。

斯特恩：您说的完全正确。我想，美国人的非历史源于他们的历史。在两大洋保护下，当孤立主义者才有的说，另外还产生了某种惬意，我们是全新的实验。像我们这样的还从未有过。除了著名的坚持旧式教育的东海岸精英们，没有人特别对历史感兴趣。人们以为，美国有自己独立于各国之外的令人称奇的历史。今天的情况还要糟。

施密特：老式东海岸精英失去了把握美国命运的杰出作用，这期间一部分作用转到了南方和加州。得克萨斯人对欧洲历史早已毫无兴趣，他们的兴趣在中东，油从那里来。

斯特恩：完全正确。在美国高等院校，总还把所谓西方文明算为本科必修课，拿不下来毕不了业，不过是"一战"以后才有的。就这一点点，近年来也减少了。如今全球化了，人们得关心别的国家。不过，我们很多学生连美国历史都不知道。

施密特：您刚才说的新实验从哪来的？是源于清教徒祖先吗？

斯特恩：与其说源于清教徒祖先，不如说源于开国元勋们。随着《独立宣言》，特别是随着宪法，人们觉得需要一种新的政治实验。宗教基础在清教徒之间当然起过巨大作用，但18世纪世俗化了。美国建国时，政教分离是不言而喻的。开国元勋们，随便怎么称呼都行，他们意识到，教会与国家必须分开。

施密特：他们从哪知道的？

斯特恩：从他们知道的欧洲负面经验。

施密特：我记得，政教分离在《独立宣言》里不怎么重要。还是我记错了？在美国宪法里也无一席之地，还是我记错了？

斯特恩：不是这样，白纸黑字写在经常被引用的宪法第一修正案里。

施密特：噢，原来是这样。

斯特恩：另外，也没马上就有宗教自由，比如天主教徒和其他信仰的人对清教徒的残酷压迫。因为美国从一开始就有各种宗教，所以宗教自由的问题才能逐渐得到解决。

施密特：18和19世纪移民美国的人，多是爱尔兰人，他们自然都是罗马天主教徒。还有一大部分是波兰人，他们当然也是清一色的天主教徒。还有相当一部分是德国人，他们有的是天主教徒，有的是新教徒。但他们全都来自政教合一不起作用的国家。

斯特恩：可是在爱尔兰，无论国家起什么作用，教会都很强大。另外，从政治上看，也不应低估美国的反天主教势力。19世纪正是爱尔兰人难以坚持的困难时期。到了约翰·F.肯尼迪，才有了第一位天主教徒的美国总统。

施密特：我的问题是：那种优越感，那种特别的美国弥赛亚主义的根源是什么？美国人的这种感觉——我们有全世界最好的政治制度，我们现在要教给别人——不仅是个助人为乐的问题。能不能这样说，美国用民主和资本主义传道取代了基督教的传道？

斯特恩：美国式的特点，是这样。

施密特：以基督教为基础？

斯特恩：是的，以基督教为基础，但还得补充一句，宽容的……

施密特：基督教从来没宽容过。

斯特恩：正是！

施密特：不论天主教还是基督教，都从未宽容过。

斯特恩：您刚才说，东海岸精英失去了影响力……

施密特：我不打算修改。

斯特恩：我并不想反驳您。我想问您的依据是什么？

施密特：我们今天在金融界经历的，正是东海岸精英的彻底失败。

斯特恩：您的回答总是简短而精确。我总是迟疑一会，因为确实是非常复杂的问题。一方面与人口发展有关，另一方面是精英界常见的自身失败。我想这么说，旧式东海岸精英随着新政分化了。有几个人当时参与了新政，但很多人对罗斯福采取了自讨苦吃的敌对态度；如果可以这样说的话，那时还有正直的反对党共和党，不过后来正直的特征越来越不明显了。天知道，后来怎么没有好转。无论如何从那时起，东海岸精英的强势就动摇了。

施密特：我觉得，您刚才提到的人口发展似乎起了重大作用。实际上，加利福尼亚其间成为人口最多的州，结果大大增强了洛杉矶对美国公众舆论的影响。

斯特恩：对。

施密特：这同样适用于得克萨斯，也适用于佛罗里达和亚利桑那的所有退休人员。

斯特恩：另外近两个世纪的美国历史上一直存在反对东海岸精英的民粹主义的怨恨。

施密特：这大概也适用于中西部。

斯特恩：是的。在一定程度上怀疑所谓受过教育的自以为是的东海岸精英……

施密特：及其良好的举止……

斯特恩：对美国民粹主义一直是非常非常合算的事。这种不满情绪可以在特定的时间不失时机地煽动起来。例如，小布什在第二届总统任期快满时，就喜欢讽刺那些在玛莎葡萄园岛上喝法国白酒的人。在美国，反精英思想一直存在。

施密特：布什的父亲是东海岸的典型代表。可以把布什父子看做东海岸走下坡路的实例。在老布什那里，对美国以外的世界的认识有极重要的意义；他对涉及美洲以外的别的大陆的问题也有判断能力。小布什就不行了，他不像父亲在东海岸长大，而是在得克萨斯长大的。

斯特恩：不错。但他在耶鲁大学受的教育，至少别人试图在耶鲁教育他。

施密特：父亲可以算是东海岸的，儿子不能算。

斯特恩：我只想补充，提升父亲是小布什的一件功德。我这是讽刺：因为他这么差，所以人家再回过头批评老布什就不那么尖刻了。总体上说，我对老布什的看法比您尖刻。

施密特：我对老布什心存谢意，因为如果没有老布什的支持，赫尔穆特·科尔不可能统一两个德意志战后国家。

斯特恩：这个我绝不反对；我主要从内政角度看他，我的话是：

他给了美国人一个丹·奎尔。我不知道，您是否还记得他那个副总统。让这样的人当副总统，是对这个位置的亵渎！

施密特：我们见过可笑的副总统……

斯特恩：奎尔可是非常与众不同。还有任命克拉伦斯·托马斯为最高法院大法官也与东海岸老传统格格不入。外交政策方面，我非常理解您，并且同意，布什父子之间有很大差别。我只是不想让人忘记他在内政方面造下的孽。另外，在他那已经有了蔑视贵族的苗头，不是从他儿子才开始的。父子俩都贪得无厌，儿子更有过之，父子俩喜欢跟贪得无厌的人交往。

施密特：我们先讨论外交政策。如果我说：200年来，美国外交政策的特点是三种倾向交替，也有部分重合，即孤立主义，到头来投入单边主义，此其一；帝国主义，末了也投入了单边主义，此其二；国际主义，此其三。您能同意吗？或者修改？或者反对？这三种倾向全都或多或少地被理想主义地解释或修饰了。可以这样说吗？或者您有别的看法？

斯特恩：我想补充一点美国的要求，即世界某种理想主义的动力。开头还像签署《独立宣言》时那样，以和平表率的姿态出现。您知道，这是一个从未有过的信号，一个国家独立了，同时有一种使命感，要向国际社会说明独立的原因和原则，如约翰·亚当斯在其最后一封信中所述，《独立宣言》永远是世界的表率。说到孤立主义，我想补充一点，人对世界的变化心知肚明，孤立主义就是务实政治，开始远远独立于其余的世界之外。孤立主义一直就是自豪和到位的政治理性的混合物。当现实主义与孤立主义统一时,就是美国政治的最佳时刻。

施密特: 门罗主义出现于《独立宣言》之后大约半个世纪。

斯特恩: 对。

施密特: 如果我理解得不错,那么门罗主义一方面是单边主义和孤立主义的,另一方面又把美洲大陆的两半说成是美国的后院:这里没你们毛事,与你们无关。

斯特恩: 完全正确。门罗主义是1823年公布的,正值南美各国从西班牙和葡萄牙统治下独立出来,美国不能容忍任何欧洲大国插足那里,贯彻这样的政策,不费吹灰之力。

施密特: 这种政治的核心似乎源于托马斯·杰斐逊时代。他就是那个铸造了《不结盟》里警句的人,还是我记错了?

斯特恩: 我拿不准。这个,反正是乔治·华盛顿告别演说的核心。美国有个传统,就是总统的告别演说具有非常重要的意义。

施密特: 如今就职演说变得重要了。

斯特恩: 是这样。但是华盛顿的告别演说一直是重要文件,1930年孤立主义者特别喜欢引用这句:美国应当遵循华盛顿的睿智,摆脱欧洲——如果美国的利益没有受到直接影响,要那棘手的同盟干什么?这是针对富兰克林·罗斯福的。

施密特: 19世纪末,阿尔弗雷德·塞耶·马汉提出了一种与门罗主义大相抵牾的世界海军强国的总体性的全新构想。这在美国肯定导致了争议。

斯特恩: 杰斐逊以后70年里,美国可以说是发现了自我,人们把西部殖民化了……

施密特: 是的,不过没用舰艇。

斯特恩: 全靠的马匹。到西部去,年轻人!等到了,帝国主义欲望也露头了。恰恰此时，帝国主义在欧洲登峰造极，绝非偶然。就此而言，阿尔弗雷德·马汉与其说是战略家，不如说是历史思想家，肯定不是政治顾问。大概他自己也不知道，他会有如此之大的影响。他的书1890年问世，美国1898年走上帝国主义道路，向西班牙开战，在太平洋建立霸权。在德国，我见到他的名字至少跟在美国一样多；研究1914年战前史时，研究失败的舰队建设时，我经常遇到他的名字。

施密特：今天他的书大概只有专家们阅读。

斯特恩：马汉关于海上霸权的书跟亚利克西斯·德·托克维尔关于美国民主的书，不用比较，命运也差不多。托克维尔的美国之书可能是有史以来写美国的书里最伟大的，今天却几乎被遗忘了。"二战"以后，在美国研究民主、民主未来的人，经常要翻这本书，因为它是用一种恰到好处的、理性的、自由的保守主义精神写成的。我上大学时战争刚结束时，也读过这本书，非常欣赏。

施密特：我认为托克维尔书里最重要的是对美国和俄国的霸权政治同等的叙述。这在1830年写书时真是远见。

斯特恩：这在第一卷最后一章，虽然寥寥几句，却是真知灼见的预言。

施密特：这个预言，后来我在苏美冷战中看到了它的应验。

斯特恩：在美国，读他的主要是"知识阶级"，但不是因为预言，而是因为他的分析，何为民主及其危险何在。1959年，我在费城托克维尔逝世100周年纪念大会上作了一个关于他和他的自由基本立场的报告。他分析了民主制度和政治的关系，也分析了民主社会与文化的关系，相当深刻地认识到民主对文化的危害；他相信民主的未来，但也看到了它的阴暗面。他到底无愧于旧法兰西贵族的一员。

施密特：托克维尔关于未来美国和俄国两大霸权的预言在20世纪应验了。中国在他的书里没有出现。我的下一个问题是，美国是否能够容忍中国崛起为世界强国，泰然处之？尽管这种成就是在民主法制有待完善的共产主义标志下取得的。

斯特恩：不记得您在哪里说过，人要保护自己，不去预言未来，因为这样只能使自己成为笑料。我冒着成为笑料的危险，斗胆回答。美国当然不会泰然处之，当下也像20世纪下半叶那样，有一种可能性，利用中国去对付俄国。但如果中国作为唯一的大国，作为唯一崛起的大国与美国抗衡，任务会非常艰巨。我想不出，美国会怎么办。大体上会出现两种不同思潮，一种是狂热好斗的沙文主义——没说的，对付中国只能武装起来——另一种思潮是，车到山前必有路。

施密特：为什么非要武装起来呢？有人担忧中国会成为世界政治中威胁美国的帝国主义大国吗？如果我脑子里存储的中国历史八九不离十的话，中国可从来没当过帝国主义大国，4000年里从没有过。中国人历来知足，他们满足于外国君主来中国访问、给皇上磕头、带礼物进贡，然后慷慨地打发他们打道回府。今天中国的人口是美国人口的四到五倍。中国人的智商跟美国人不相上下，只是中国人的智力还没机会在所有方面得到深造。

斯特恩：还没机会！重音在"还"字上。不能不说，美国本身为中国崛起帮了大忙，特别是在技术和教育方面。您如果今天去一所美国或是加拿大的大学，马上就会发现，那里有多少亚洲人，而这些亚洲人……

施密特：都比美国人能干而且勤奋……

斯特恩：更勤奋是没说的，从这个意义上说也是更能干。他们是否更聪明，我不能评价。在数学和自然科学方面，他们无论如何显得特别有才。

施密特：并非在美国的所有亚洲学生都来自中国。但是从中国来的，今天大概大多数都学成回国？

斯特恩：对，是这样。从前不是这样，来美国的外国学生，都想方设法留下来。

施密特：不过中国人自己也很努力；过去 15 年里他们在大学教育方面取得的成就令人惊异。我斗胆预言，用不了多久，没学位的人，而且是没本国学位的人，甭想进政治局，更甭想进政治局常委。最近大学扩建规模与教育发展速度，真令人难以设想。

斯特恩：需要指出的是，扩建未必与教育质量挂钩，恰恰相反。

施密特：从今天共产主义领导特别强调教育，我看到了与传统的儒家国家理想并行不悖的学而优则仕。一个人能做官，不是因为他父亲或者祖母或者叔叔什么的有门路，而是通过开科考试，从省考、统考，后面还有一次又一次考试。这是一个涉及面很广的考试系统，考中了才能做官，突然某一日得到了某省的执行权力。今天，中国又呈现出类似的发展。

斯特恩：与法国的大学体制好有一比……

施密特：法国大学按地理集中，中国大学不仅仅在上海、北京……

斯特恩：这倒是，不过我指的是分级考试的教育体制……

施密特：**如果**把中国目前的发展归类为单纯经济上的进步，那是不对的。我第一次到中国是 1975 年，那时全国还没有一个能上民事法庭为一个公司辩护或上刑事法庭为一个被告辩护的律师。今天，许多大学都有培养法学家的法律系。他们知道，人们需要法庭。为了占领法庭，他们找来他们知道能作出判决的人，即部队下级军官，这些人于是成了法官。今天他们培养的是真正的法学家！

斯特恩：另外还有美国的帮助。

施密特：也有德国的帮助。他们接受四面八方的帮助！当然不能因为他们培养法学家，就说中国是一个法治国家，还不是。但是一个省的省长批准死刑的时代结束了，成为往事。我视为可能的危险是，中国需要一位领袖人物，但是领导天才不是哪一代都有。没有第二个邓小平！

斯特恩：我想从美国的角度再补充一点，对中国的错误评估似乎影响了越南战争。大多数美国人并不知道60年代中俄之间的纷争。与越战有关的根本性政治错误之一是，认为有一个中俄两大国联手对付西方的所谓国际共产主义。我觉得，欧洲看到莫斯科和北京的分裂要早些，是不是？

施密特：这个，我认为不全是。70年代初，我在波恩任国防部长，清楚地看见中国的兴起，也清楚地看见没有国际共产主义，恰恰相反，只有中国和俄国之间的根本对立。我可能比多数美国舆论更清楚地看到了70年代以中华人民共和国为一方，以苏联为另一方与日恶化的纷争，没把西方坚决反对的"国际共产主义"当成危险。正因为如此，我才迫使当时的总理维利·勃兰特与中国建立了外交关系，比美国与中国建交早了七年。需要补充的是，美国领导人尼克松和基辛格在思想上比美国公众舆论超前许多。但他们不敢在公众舆论面前承认中国。

斯特恩：尽管共和党比民主党容易承认中国。强势的"中国游说"得益于说民主党人几乎帮共产主义取得胜利的骗局。我想起一桩小小轶事来，可能无足轻重，但我记得清清楚楚。1969年还是1970年，法国总统蓬皮杜访美，一怒之下把纽约的一次活动吹了，约了外交关系委员会的几个人来酒店见他，我也在内。因为他刚从尼克松那里回来，我们自然对一个问题产生了兴趣，就问他："二位谈到中国问题了吗？"蓬皮杜说："我无权公布与尼克松总统的谈话。我只想说：首先是中国。"这个说明显示，他认为，美国人还不明白这个。

施密特：这次跟外交事务委员会的人谈话时，约翰·麦克洛伊还是委员会主席吗？

斯特恩：是。

施密特：他留给您的印象好吗？

斯特恩：好。

施密特：我也是，非常好的印象。

斯特恩：我说句家喻户晓的话："除了杰克·麦克洛伊当头的衙门，美国没有别的衙门。"这话很说明问题。他并非天生的美国官衙之子。他是通过努力上来的，就此而言，他属于……

施密特：他不是天生的东海岸精英。但是他在生命中逐渐成为这种精英的杰出代表，而且做人白璧无瑕，一个完全靠得住的人。

斯特恩：这没说的。

施密特：我当联邦总理期间，曾两次向他取经。两次都在华盛顿，他执意要来酒店拜访我。可他比我大20岁啊！跟他辩论，迟早他会问："What is fair in this situation, what is fair？"译成德语是怎样做合适？怎样做在道德上站得住脚？这个问题在谈话中出现过好几次。一位美国的优秀代表。

斯特恩：我完全可以理解。不过还得指出，美国有关方面对他也有批评。

施密特：这个我相信。

斯特恩：我们又回到东海岸精英了，今天早上已经说过一回。

施密特：好像得区分东海岸精英，挂在这个招牌上的人物，有的根本不是这个圈子里的，而是圈外人。

斯特恩：您是说我们共同的朋友基辛格？

施密特：我说的不是他，但如果您愿意……

斯特恩：我觉得，哈佛毕竟是东海岸的一座堡垒，洛克菲勒是东海岸的一座堡垒，基辛格为此付出了极大的努力，在哈佛也有功劳。但他同时保留着非常重的德国口音，他不想改口音。这对于他来说，怎么说呢？是一种标志。

施密特：他改不了。再说，那也不是德国口音，是法兰克口音。跟他弟弟完全不同。

斯特恩：我不认识他弟弟。

施密特：亨利自成一家，归不进任何一家。

斯特恩：确实如此。我是60年代初认识他的，我跟他的关系不总是融洽的，主要是因为越南战争。我为他那本50年代写的第一本关于维也纳会议的书写了一篇非常友善的书评，这给我带来某种好处。我在书评末尾说，写书的人肯定充满了政治激情。我由此预见了他的仕途，今天这话当然是半开玩笑。但我相信，他后来原谅了我的许多批评，因为我属于最早发现他的政治禀赋的人。有位您也认识的朋友有句妙语：如果亨利少10%的聪明，多20%的诚实，他会是一个真正的伟人。

施密特：我是1958年认识亨利·基辛格的，到如今半个多世纪了。90年代，我在很多问题上跟他意见不一致。但我一直佩服他的分析能力，一位杰出的分析专家！

斯特恩：一位杰出的分析专家。可惜政治上过于依附权力，另外，他当国务卿时，身边总是围着一帮可疑之徒。距现在最近的一次，是他对迪克·切尼和新保守主义分子采取的非常理性的批评态度，但是他从来不敢说出来。

施密特：两年前他指责我，说我对小布什评价太差。

斯特恩：这个没辙！这个连您都办不到。

施密特：亨利如果没有尼克松这个总统，而是换成纳尔逊·洛克菲勒，就好了。

斯特恩：绝对正确！柬埔寨危机时我去白宫求见他，我们谈了很长时间。我进去跟他说："亨利，俾斯麦没这么干过，戴高乐也没有！"这是他的两位英雄，两个人里没一个这么干过。他解释了半天，说总统已经失眠了。我就拿俾斯麦的话提醒他："国王必须能睡觉。"我跟他道别时，他对我说："别忘记，他不是我的总统。"他的意思正是您刚才所说的：如果让他挑，他会选择纳尔逊·洛克菲勒。那将会天差地别。

施密特：70年代前半期，我跟美国有事时，曾经见过基辛格半小时。那时他是安全顾问，私下里对我说总统时，只称"他"，不说"总统"。

斯特恩：这很正常。

施密特：这很正常？他称"他"一点儿都不正常……

斯特恩：尼克松和基辛格之间的关系不只是政治戏剧，而且是心理深层戏剧，其中反犹主义也起了一定作用。

施密特：不过，在我们这本书里可不能对亨利说上一个小时。

斯特恩：前边谈布热津斯基时，我就想这么说来着。您怎么不想想我们这本书？

施密特：当然。

斯特恩：我们本来是谈旧式东海岸精英及其近年来的没落。而且我们一致认为，乔治·布什的白宫……

施密特：您稍等！这里必须对小布什褒上两句。无论如何，他连用两任黑人国务卿，先是科林·鲍威尔，然后是赖斯。与七八十年代的情形相比，这可是了不得的事。

斯特恩：科林·鲍威尔的皮肤黑中有白，因为他是将军。

施密特：对，而且他的皮肤也不是百分之百的黑，赖斯也不是。只是这两位看起来像黑人。两年前我最后一次到美国，见到了科林·鲍威尔，如愿以偿……

斯特恩：一个正派人，他本人耻于不负责任的政策，只能划清界线。后来切尼说，他不相信鲍威尔是共和党人，结果把他开除出党……

施密特：80年代，科林·鲍威尔曾经有过参加总统预选的想法。

斯特恩：是的，可是他太太劝他打消了这个念头。

施密特：是太太劝的他？

斯特恩：对，是太太劝的。

施密特：不过他也选不上。您刚才两次提到切尼，您认为切尼属于东海岸还是不算？

斯特恩：一两年前，我和前德国联邦国防军总监察长克劳斯·瑙曼谈起过切尼——由于职业原因，他至迟在70年代就认识切尼了——他告诉我，切尼整个变了一个人，他认不出来了。

施密特：我赞同。我是1974年认识切尼的，如今已经不是当年那个人了。
斯特恩：不是同一个人了。
施密特：权利与金钱诱惑了此人。
斯特恩：是的。权力、金钱，还有他对新保守党人的亲近。他原封不动接受了新保守主义。
施密特："新保守党人"这个词容易引起误解。他们不是保守党人，而是外交政策方面的帝国主义者，内政方面在美国所允许的限度内右得不能再右的极右势力。他们跟保守主义不沾边，这是一个绝对误导的词。
斯特恩：正是这样。他们实际上是极端分子！
施密特：是的，他们是右翼极端分子。
斯特恩：是从灵魂深处反对自由思想和自由贸易的右翼极端分子。我想，新保守党人的出现源于围绕"扶济运动"的争论，"扶济运动"主张通过各种公私措施扶持长期作为种族歧视受害者的黑人。新保守党人说：我们成功靠自己，黑人为什么不能自力更生而靠国家扶助？这背后是根深蒂固的反民主思想，列奥·施特劳斯是来源之一。60年代初期的新保守党人主要是犹太人，甚至有不少左翼极端分子。对以色列政策起了关键性作用。新保守党人自认为是以色列的主要保护人，是坚定不移的"现实主义者"，是百分之一百五十的反共产主义者。赫尔穆特，我得说明，我认为新保守党人的影响是悲剧，在这个问题上，我是大有成见的。
施密特：您如何解释他们造成的强势影响？
斯特恩：第一，他们是披着"现实主义者"外衣的能量极大的狂热分子；第二，他们善于组织，而且很会找钱。他们很早就有了自己的刊物《评论》，后来建立了好几个组织，例如美国企业研究所。在里根时代他们的影响已经很大，但准备工作从60年代就开始了，意识形态建立在反自由主义思想基础上。他们孤注于政权，特别是军事实力。

施密特：您觉得小布什是不是被新保守党人操纵了？或者他就是他们中的一分子？

斯特恩：我认为两者兼有，他在很大程度上是被操纵的，首先是被切尼操纵。切尼与新保守党人关系极为密切，因此布什也被带到这条道上。

施密特：我甚至走得更远。您刚才说到布什的白宫时，我就想插嘴，那实际上是切尼的白宫，不是总统府。刚才您谈到新保守党人的意识形态，的确很有趣。两个小小补充：一，当然不只与意识形态有关，钱的因素也很大……

斯特恩：这根本不成问题。但意识形态对他们确实重要，他们对此极其认真。

施密特：我要说的第二点是：也许无法回避，在谈话过程中免不了要谈以色列，这是个很挠头的题目。您刚才对所谓新保守党人无条件支持以色列强权政治的评论，已经一脚踏进这个题目。本来，直到19世纪30年代，还没有迹象说明，美国要把自己的命运同中东一个小犹太国家绑在一起。后来这样做是因为希特勒对犹太人的大屠杀。这可以理解。但是后来走向极端了——"无论是或非，你都是我的以色列"——这是一个令人震惊的发展，对我来说很难理解。

斯特恩：我想在此讲明，我认为新保守党人是以色列的掘墓人。他们则信其反面，可是通过无条件支持以色列军事政治，他们在很大程度上孤立了以色列。

施密特：我本来想等一会再谈这个题目。这方面我们自然要谈到德国和以色列的关系。

斯特恩：是的，但也要谈到美以关系，而且不仅仅是盯着新保守党人来谈。直到不久前，美国几乎没人敢批评以色列。公开辩论现在才开始——就此而言，我有点乐观了。现在有一个由理性的犹太势力和非犹太势力组成的新组织，正在努力制定一条新路线。大致可以说，美国犹太人多数是理性的，不是对任何以色列政策都支持。但是，少数人组织得很好，很有钱，所以有种意识形态的幻想，以为他们的作用很大。这些犹太组织虽然它们亲利库德集团，但未必都是新保守党人团体。他们特别认同以色列，并认为，任何对以色列的批评都应当禁止。在美国很难对以色列说几句批评的话，比在以色列还难。以色列新闻界，以色列公众舆论，比我们国家要开放的多，在我们那里，批评以色列马上被扣上反犹主义的大帽子。我看比在德国还遭。

施密特：德国也好不到哪去。由于害怕被扣上反犹主义的帽子，这里也没什么人敢批评以色列。

斯特恩：美国有时被政治正确"正"得瘫了。开始还不是这样，大屠杀之后，人们对以色列发自内心同情，有一种责任感，美国是第一个承认以色列的国家。可能自觉不自觉地有种负罪感：本应为受迫害的犹太人多做些什么。后来美国犹太人的势力越来越大，正是在大选中发挥了重要作用。

施密特：在新闻出版界也发挥了重要作用。

斯特恩：此话不假，但这种作用意义不大。影响最大的是投入大选的犹太团体，比如美国以色列公共事务委员会这样的组织。这些组织一开始就站在极右立场上，为实现美国民粹主义奋斗，在右倾的美国人和以色列之间建立起紧密联系。但是国会里的民主党人简直不可能以任何方式批评以色列。我还清楚记得，约翰·克里在最后一次预选演说里说过，在中东问题上，要"找平衡"。结果引发一场风暴。有人问我怎么看。我说，非常理智。美国要想发挥影响，不是"找平衡"，而是"平等待人"，公平对待双方。组织起来的很大一部分美国犹太人的强项和敏感度影响极为深远。对于这些人，只有您说的，"无论是或非，你都是我的以色列"，我的观点是，为什么我不能像某些以色列权威人物那样批判地思考以色列的政策，并把我想的说出来？仅仅因为我是住在纽约而不是住在以色列？

施密特：您看，问题何等微妙。

斯特恩：要多微妙有多微妙！为了刚才说的这番话，我回到美国会被某些圈子指责为反犹。

施密特：似乎需要说明，全世界最多有1500万犹太人，其中500万生活在以色列，500万到600万在美国，一共算1100万，德国有几十万，法国还要多一点，另外中东有一些，俄国有一些。一个弹丸小国，早就在加沙地带建移民点，现在又推行在约旦河西岸盖房的移民政策，这实际上就没有和平解决的可能性了。因此以色列人在德国也失去了不少同情。

斯特恩：这种转折是什么时候出现的？

施密特：对以色列的同情开始占绝对优势，持续到七八十年代。我觉得没有确切的转折点，不知道什么时候，对以色列的同情消失了……

斯特恩：因为移民政策？

施密特：大概是。用恐怖行动对付恐怖行动。

斯特恩：还有对巴勒斯坦人同情，尽管有阿拉法特式的人物……

施密特：在德国对巴勒斯坦人的同情真不多，我一点没感觉到。有同情伊斯兰的愿望，但不是同情巴勒斯坦人，无论对加沙地带还是黎巴嫩还是约旦河西岸的巴勒斯坦人都，都没有。

斯特恩：在德国也有美国那样在国会为以色列游说的吗？

施密特：我问自己，究竟是什么使得默克尔女士2008年以总理的身份公开说，德国对以色列的安全负有责任？是由于亲美政策还是出自说不清楚的道德动机？在我眼里，这太过分了，但这是官方路线，施泰因迈尔也会这么说。

斯特恩：您不同意德国对以色列的安全负有特殊责任？

施密特：今天一早就听见"特殊责任"，这回说的是对波兰；我也不同意。德国的特殊责任是，不能让屠杀犹太人这样的事再发生。德国对以色列没责任。

斯特恩：对此，我有不同看法。我完全理解德国人认为他们对以色列负有连带责任的感情。但这不能排除批评，恰恰相反。重要的是，为了加强以色列内部团结而批评以色列的错误政策。

施密特：对以色列的安全负有特殊责任，我听着像一种结盟义务。

斯特恩：我不想走得这么远。您看看艾哈迈迪－内贾德这个例子，艾哈迈迪－内贾德一再威胁以色列，践踏以色列的存在权利，他似乎在奉行旨在消灭以色列的政策。鉴于历史，在这种形势下，难道德国人没义务站在以色列一边吗？

施密特：这个不错，但我不会使用"责任"这个词。

斯特恩：就是说，在这种情况下支持和声援……

施密特：每当德国人出自亲善对其他国家和人民的政策有什么想法并且表达出来时，我总是持怀疑态度，非常怀疑这背后隐藏的大国瘾，很无情很可疑的大国瘾。

斯特恩：您认为德国人里对此很上瘾吗？

施密特：我不这样认为，不是这样，德国人的大国瘾没美国厉害。

斯特恩：这就对了！

施密特：而且也不像法国那么厉害——这是对的。尽管如此，我还是觉得德国人的大国瘾非常无情。

斯特恩：是的，想到德国的历史，让人尤其不舒服。

施密特：说到了这个题目，弗里茨，我写下了与此有关的三个问题。欧洲不少国家都曾有反犹主义。我的问题是：反犹主义能在德国飙升到几百万人大屠杀的根本原因是什么？或者换一种问法：我们德国人有多少自信，**未来**能成功抵御精神病的诱惑？或者这么问：德意志民族比别的民族更容易被诱惑吗？为什么会这样？这三个问题其实是同一个问题，我没找到标准答案。

斯特恩：也没有标准答案。不过我想……

施密特：咱们私下里说：我不太信任德国能不断进步，德国人就是一个容易被诱惑的民族，比别的民族更容易被诱惑。

斯特恩：所有民族都能被诱惑，美国人也是，不过是没尝试过而已。我尽量逐条回答您的问题，部分地回答您的各种问题，同时作些笔记，为了日后能准确回忆。好，如果说曾经有过反犹主义……

施密特：没听懂。

斯特恩：反犹主义……

施密特：您不用高声说，只是慢点说。我老是只听懂半句，另外半句靠联想，这也是学的。您说得太快了，我这电脑就跟不上了，这是年龄的伴生现象。

斯特恩：我的情形是，我说话快，因为说慢了，就忘了刚才要说什么了。

施密特：深表同情。弗里茨，作为政治家，我学会了，必须慢慢说。

斯特恩：我尽量记住慢点说。就是说，反犹主义在欧洲各国都曾经有过……

施密特：不是各国……

斯特恩：……

施密特：斯堪的纳维亚国家没有。

斯特恩：对，您说得对。原因可能是，那里几乎没有犹太人。用英语说就是："That helps"，这有助于。在法国，1914年以前社会上的反犹主义比德国厉害。参见德雷福斯事件。但是——我总认为这是最重要的：也有逆向思潮，共和党抵制反犹主义。

施密特：埃米尔·左拉。

斯特恩：不只左拉，还有伟大的社会党人让·饶勒斯；他觉醒比较晚，但他是争取犹太人平等地位的坚定不移的斗士，是德雷福斯的辩护人。这是德国反犹主义与法国反犹主义的重大区别。德国几乎没有有一定影响的非犹太人士关心这个问题。特奥多尔·蒙森这样的公民是特例。别的欧洲国家也有对犹太人的反感，但西欧对犹太人的歧视不明显。

施密特：英国人毕竟让迪斯雷利当上了首相。

斯特恩：法国人让列昂·布鲁姆当上了总理——不过是在一个不幸的时刻。还有"二战"以后的孟戴斯－弗朗斯。德国则不同，没有反抗力量，连左翼自由势力都不能保护犹太人，不能站出来说：我们不能接受这个。这是区别所在。但是，没有这种启蒙觉悟也不至于导致大屠杀。我属于说1933年没人或者几乎没人——这里说的是那些头面人物——想到会出现奥斯威辛的人。

施密特：我认为那是不可能想到的事。不过说到希特勒，我持完全怀疑的态度；您把他也包括在不能想到的事里头了。这个我不敢肯定，1933年有多少人想到他后来会干什么。我至今认为此人反复无常，他对自己都反复无常。

斯特恩：我只能说，他的主要目标是把犹太人赶出第三帝国，战争爆发后，则是赶出欧洲。当发现目标不可能实现，又拿不准德国是否能打赢时，就决定干脆杀光。我知道，1933年德国反犹分子最猖獗，而他们上了台；但是我不敢肯定，在1933年到大屠杀之间是否能划一条直线。纳粹时代最令人吃惊的却是，一下子一切都极端化了，战时更是拔除了任何框架。

施密特：要想解释这一极快的进程，我认为，有一个因素不可低估，它不是主导因素，却起了重要作用。这就是1930年和后面的几年世界经济衰退造成的苦难，这种状况的确令人沮丧，这是一方面。我想起罗吉的家庭，她父亲失业六七年，他**愿意**工作。另一方面，沙赫特与希特勒经济政策取得了令人难以置信的成就。德国是全世界凯恩斯主义取得重大成就的唯一国家。纳粹的成就是一个重要因素。许多人看不到这一点。许多人今天**不愿意**看到这一点。如果我公开说，沙赫特是德国从未见到过的最有成就的经济学家，有人准会把我当成纳粹。可惜这是真的。1936年失业人数降到零，之前是600万失业人口。纳粹在

1933年到1936年间创造了一件经济学上的精品，全世界没人做到了这一步。

斯特恩：是的，但重整军备起了很大的作用

施密特：对，重整军备是由沙赫特先生通过难以置信的扩大国家贷款赞助的，这是自由形式的凯恩斯主义。

斯特恩：如果可以这样说的话，是把凯恩斯主义用于相反的目的。凯恩斯主义有完全不同的社会目的。问题自然是，希特勒能否不打仗而保持经济成就——这一点非常令人怀疑。整个崛起都被逼到了战争的方向上。再加上沙赫特是坏人，这是从政治上看。我现在被卷进一场官司，原告是一个不像话的德国犹太人，试图从纽约索回两幅毕加索的画，毫无道理。因为这个关系，我研究了亚尔马·沙赫特。沙赫特找到希特勒，说：我们不要消灭大犹太银行家，我们还需要他们。希特勒于是委托他去安抚犹太银行家，不会出什么事。1933、1934、1935年都是这样处理的。没有刁难他们，把他们赶出了监事会，但是没剥夺他们的财产。由于帝国外汇短缺，沙赫特需要他们。

施密特：沙赫特是一个让人看不透的人物。但是，如果希特勒1936年被打死了，沙赫特就是经济史上了不得的英雄了。经济成就让很多人相信纳粹，对此我毫不怀疑。

斯特恩：肯定是这样，但这也说明，那些准备承认他是英雄的人，已经接受了他光天化日下的罪行。即便没接受，也是忽略了。连减少失业都与犯罪相关。

施密特：减少失业与备战扣合，但确实很有成效。我重复一遍：1933年到1936年德国是凯恩斯主义第一个成功的案例，然而是在一个封锁边界、强制经济、统治物价与工资的国家。

斯特恩：专制政权的成就并非仅仅建立在经济复苏上面，甚至这不是第一位的，而是建立在其他因素上面：外交的胜利，内政的震慑。另外，我很小的时候，父亲就教导我："成绩不教人"，人不能从成绩学到东西，但这只是顺带提提。

施密特：就此而言，成绩的确没教人，而是诱惑了人。

斯特恩：诱惑了人，完全正确。但另一个是暴力，希特勒在五个月内能做到不让对手说话，大学、军队和教会里不再有真正的反对派。如果读戈培尔的日记，会看到，连纳粹自己都吃惊，这么快就得到了这么高的支持率。随着希特勒的外交成就，纳粹越来越肆无忌惮。外国政治家们也帮了他们的忙。

施密特：您现在指1938年慕尼黑之例。

斯特恩：最初还不是慕尼黑，不是。我指的是1936年3月，接受德国进军莱茵兰。或许更早，1935年3月推行义务兵役制。希特勒极为巧妙地隐藏了他的计划——这一点必须指出——一再许诺，这是我最后的要求，最终的目标。要是实现了，我就知足了，在欧洲我根本没更多的奢望。说的一套，做的另一套，走得越来越远。卑鄙的谎言行得通。

施密特：对于我来说，1933年开始，1942年导致屠杀犹太人这个过程还是非常费解。不到十年，对我来说始终不可思议。

斯特恩：我同意您的说法。这事一直难以置信，不可理解。

施密特：我有种模模糊糊的直觉，有什么基因起了作用。一个人轻而易举建立个帝国，亚历山大大帝就是个例子……

斯特恩：拿破仑。

施密特：我刚要说他。南美的皮萨罗及其同志们是小一号的例子。

但一个人像工厂运作那样大规模杀人，确实绝无仅有。正是因为这个，我始终觉得自己的民族有点可怕。我必须承认，我对德国人的信任不是无限的。

斯特恩：我不喜欢"基因"这个词，觉得它太生物化，简直是种族主义。我也不相信，您当真认为是基因问题。

施密特：那您就说天生的。

斯特恩：与其说天生的，不如说灌输的。我反感的是决定论。这个词诱发出不可改变，这让我……

施密特：可以用别的词代替我说的基因，说有某种秉性。可以这样做，这样就避免了与"基因"这个词相关的内涵。但是德国人在这里干的那些事仍然是个谜。

斯特恩：您的问题基本是，20世纪中叶，这也可能发生在别的欧洲国家吗？这是个假设问题，因此很难回答。毋庸置疑，别的国家的反犹思潮与德国的毫无二致。但是，那里的反对力量也很强大，即使部分地是一种有争议的社会礼仪传统。因此，我怀疑在别的国家反犹主义是否能如此顺利地夺取和使用政权。

施密特：条件之一是专制与独裁这个事实，没有这个条件不会发生种族灭绝。

斯特恩：我毫无保留地赞成。

施密特：这就是说，如果我提出一个理论性问题，问别的民族是否也会干出类似的事来，那么部分答案只能是：这个别的民族必须拥有独裁专制。

斯特恩：一种特别类型的独裁专制，斯大林主义的野蛮与残暴不亚于……

施密特：他可没用工厂式的手段杀害几十万人。

斯特恩：确实，他没这么干。他让几百万人饿死在古拉格或者用别的方式惨死。恐怖在斯大林帝国是家常便饭。斯大林主义何时、如何在西方被发现，是一个重要而又复杂的课题。恰恰在美国，过了很长时间，才能对希特勒和斯大林加以比较，因为"二战"中斯大林的独裁专制被纳粹的罪行盖住了。西方对斯大林主义罪行的认识，恰恰在部分欧洲左派中长期被"左翼无敌人"感情的阴影笼罩。左翼内部勉强的和谐压倒一切。但奥斯威辛又有不同。

施密特：但法国的巴塞洛缪之夜大概是最可比的了……

斯特恩：是的，但是胡根诺教徒是被驱逐，被赶出国门流亡，不是绝大部分被杀害。

施密特：可是先杀了几千，剩下的后来都跑了。

斯特恩：还有西班牙和葡萄牙1492年开始的驱逐犹太人运动，也是强制性的大规模迁徙。他们并没有杀害犹太人，而是让他们选择受洗还是流亡。

施密特：弗里茨，您能不能补充两三句说说种族概念的发展和后来的使用？如果我理解得没错，它更像一种猜想，如果允许我猜想，我会想，19世纪初还没这个概念。

斯特恩：这个名词已经有了，但不是后来的含义，这个您说的完全正确。这个概念被法国人哥比诺普及了，哥比诺在19世纪中叶提出了自己的种族理论，认为种族问题是进化的决定性准则。

施密特：他是指白种人与黑种人的区别，还是指白种人内部印度人、欧洲人、犹太人……

斯特恩：我曾极认真地读过这本书，可那是很久以前了，谢天谢地我忘了种族之间的细节。我还没忘的是，我的偶像——如果可以这样说的话——我们今天多次提到的亚利克西斯·德·托克维尔与哥比诺之间有生动的书信往来。托克维尔针对他那本书写道：当心，您做的事可能有可怕的后果。

施密特：这可真是一针见血！

斯特恩：难以置信！托克维尔对历史进程非常敏感，许多历史学家缺的正是这种敏感。我认为他非常伟大，所以家里挂着他的像，我非常崇拜他，看重他。

施密特：这是第一轮美好的结束语。我们休息一会怎么样？

第一天下午

表率——托马斯·杰斐逊——灭绝印第安人——英雄崇拜——托马斯·卡莱尔——尤利乌斯·朗贝恩——德国的非理性——尼采语录——焚书——1939年——礼崩乐坏——德国人知道哪些？——德国缺乏政治教育——普鲁士改革——洪堡兄弟——《联邦党人文集》——《凡尔赛条约》——"一战"——鲁登道夫·兴登堡——可怕的军人特权——魏玛前景——托马斯·曼——德国学者

斯特恩：我再回到大作《卸任》。关于表率，您写了表率对于在一个社会中何等重要，表率对于您本人何等重要。作为一个附带说明，我想指出，20世纪伟大的反权威天才阿尔伯特·爱因斯坦也有同样的思想：唯一"教导"我们的，是表率。您在书中提到几位您的表率。您还有别的表率吗？哪些表率您特别中意？还有——这是我本来的问题——别人可以介绍表率的必要性吗？我提这个问题，是因为在美国，表率是不受欢迎的。

施密特：不受欢迎？

斯特恩：是的。

施密特：弗里茨，您肯定吗？乔治·华盛顿或托马斯·杰斐逊那样的人不能作为表率吗？或者亚伯拉罕·林肯？这些人难道不是美国的表率？难道不被普遍接受？

斯特恩：赫尔穆特，我必须对您承认，美国眼下让我备受压抑的事情之一——现在我夸张一点，仅仅是一点——，是这样一种事实，如果您今天问一个自由而聪明的大学生杰斐逊：关于杰斐逊，您知道什么？——回答很可能是，他宁愿谈杰斐逊那个非法的黑人孩子，不愿谈……

施密特：只有一个？

斯特恩：据我所知，只有一个。但杰斐逊和女奴之间是一种真正的人的关系。那孩子不只是个偶然。现在都在探讨，可悲的是，一个大学生只关心这样的事。

施密特：这可能只是一时现象；30年前不是这样，这种现象也不会持续下去。托马斯·杰斐逊最令我着迷的是，他不仅认为奴隶制是不言而喻的，而且连灭绝印第安人也是不言而喻的。这个事实与他的人性哲学大相抵牾。

斯特恩："不言而喻"这个词让我惶恐，只是惶恐。他没有想灭绝印第安人，而是主张白人和印第安人联合。至于奴隶制，杰斐逊应该知道，乔治·华盛顿决定，他死后他的奴隶将解放。当合众国第一任总统宣布"我的奴隶们将随着我的逝去而获得自由"时，奴隶制就不是不言而喻的了，解放奴隶只是一个时间问题。杰斐逊知道这个。

施密特：我们花三分钟，集中讨论印第安人问题。

斯特恩：这个我答不上来，不知为不知，我不知道杰斐逊对印第安人的态度。总之，他不喜欢印第安人与法国结盟。

施密特：把印第安人赶回保留地的想法是什么时候出现的？这种想法的源头在哪里？是出于博爱还是战略上的权宜之计？

斯特恩：美国人很会把两者结合起来，掩盖真实的意图。可以说，两者兼而有之：我们拿走你们的土地，但是给你们保留地。你们生活在自己人中间，保护你们不死，就是说不受政治杀害。可以把保留地与犹太人隔离区相比。这种做法野蛮而无人性，但不是种族灭绝。另外，第一块印第安人保留地在《独立宣言》之前就有了。

施密特：要是一个德国人这么说，听起来显得傲慢，但我还是要说出来。有时我有一种感觉，合众国曾经差点对印第安部族实行种族灭绝，曾经有过这样的危险时刻，只是美国没感觉到那是种族灭绝，也没想犯下种族灭绝罪。

斯特恩：西班牙人已经演练过了，例如在墨西哥和秘鲁。但恰恰是保留地驳斥了种族灭绝的主意。不过,有句谚语,叫做"除了死的印第安人,没有好的印第安人"。反对印第安人的非人性的黑暗痕迹自然贯穿着整个 19 世纪。

施密特:印第安人的英雄崇拜是谁写的?是不是詹姆斯·费尼莫·库珀?

斯特恩:我记得是朗费罗描写的一位印第安斗士英雄事迹的伟大诗篇《海华沙之歌》。库珀塑造了一个穿皮袜子的青嘎古柯,为红种人的覆灭树立了一座纪念碑。这以后不久,到了 19 世纪中叶,印第安人开始人为地大量减少。

施密特:印第安人今天的状况怎么样?

斯特恩:一方面,至今没有认真努力使印第安人真正融入美国社会。另一方面,从 60 年代起,不再称"印第安人",而改称"土著美国人"。语言在政治中非常重要。说我们现在关注"土著美国人"那一刻,他们已经有了另一种态势。有一系列"可圈可点的运动",积极的扶持措施,真正称得上"补课"。这里必须指出美国和加拿大博物馆的先驱作用,它们把博物馆的许多基本布局转移到印第安血统的美国人方面。不过赫尔穆特,我觉得您还没回答我提的关于表率的问题,还有如何推荐表率。

施密特:我个人的表率,全都是社会民主党人。作为一个人,作为一种品格,库尔特·舒马赫①算一个;他的坚定不移的品格给我印象极深,但他在政治上,我认为大错特错。作为政治表率,我推崇恩斯特·罗伊特。后来还有弗里茨·埃尔勒。关于我的表率,就到此。如何推荐表率,

---

① 库尔特·舒马赫(1895—1952),德国社会民主党政治家,去世前任该党主席。(本书注释,除个别注明编者外,均为译者所加。——译者注)

这个我不知道。无论如何我对卡里斯马人物持怀疑态度。阿道夫·希特勒就是一个大大的卡里斯马人物。

斯特恩：我关心的是，我们，您和我，政治家和历史学家，如何教给下一代人表率的必要性：你们需要表率！不要怀疑没有表率，不要那么害羞！有可以作为表率的人。

施密特：我回答不了。我也看不出，今天推荐一个表率比100年前难了。我还记着一个人，在战争中成为我的表率，从那一直是我的表率：马可·奥勒留。一面时时告诫自己，宁静致远；一面用康德的方法激励自己，时刻警醒，履行义务。

斯特恩：赫尔穆特，我敬重您的恬淡寡欲，也担忧今天人们不以此为然，抵制这样的表率。这似乎是一种时代现象，很可能与我们有过恣意横行的希特勒和毛泽东那样的卡里斯马人物有关，毛泽东也算一个卡里斯马人物……

施密特：列宁也是。

斯特恩：可是，如果一代人看不到表率，看不到今天的表率，也看不到过去的表率，那就失去了非常重要的东西。

施密特：这个我同意。但我还是不知道如何回答您的问题，告诉下一代他们应该有表率？倒是常有儿子视父亲为表率的，可这不一定非得教育才成。

斯特恩：从前也有从文学里寻找表率的。少年维特也曾是一个表率，不过是一个非常危险的表率。18世纪末，他引发了一个自杀潮。在法国，19世纪司汤达《红与黑》的主角于连对必须在国家与教会之间求生的青年人有重要影响。

施密特：有可能，但是，《圣经》里的表率对社会的影响比我们的牧师们想象的要小得多。教育，首先是通过表扬，其次在很大程度上是通过批评，再次是通过实例。表率或者实例除了父母，主要是教师——最好说，他们应该为人师表。我至今记着几位身教重于言教的老师，例如卓妮·波恩森，我们男孩子的表率是帅宁先生，体育老师。我们钦佩他们二位。

斯特恩：为什么偏偏是体育老师？

施密特：这个，我可以告诉您。他不仅是一个非常善的爷们，能干的教育家，最重要的是，"一战"时他当过机枪连长，跟海因里希·布吕宁①一样。学校既非军校，也不右倾，但对一个在战争中领导过一个机枪连的人的敬佩很平常。另外，我们一周六天，每天一堂体育课。因此，我后来入伍时也是一个好运动员。

斯特恩：能钦佩某个人，是一种品德。史学大家雅可布·布克哈特说过，欣赏艺术，对于我们这些欣赏的人，和被欣赏者是一样的。20世纪——我已经点题了——或许过多地强迫德国人、俄国人以及别的许多国家的人去欣赏。他们现在欣赏够了。

施密特：是的，上一世纪我们崇拜的假英雄太多了，那个写《英雄与英雄崇拜》的英国人叫什么来着？

斯特恩：托马斯·卡莱尔。

施密特：可怕。那本书我上中学的时候读的，可把我害苦了。

斯特恩：他非常聪明，非常保守——特别是对法国大革命的看法——但他是一个了不起的历史学家和一个非常优秀的作家。我必须袒护他，但我承认，我也认为《英雄与英雄

---

① 海因里希·布吕宁（1885—1970），德国中央党政治家，任魏玛共和国最后一任总理（1930年3月—1932年5月）。

崇拜》是一本有问题的书。

施密特：关于他，我只知道这本书。我把它归入尤里乌斯·朗贝恩的伦勃朗德国人、理查德·瓦格纳、休斯顿·斯图尔特·张伯伦。

斯特恩：我得指出，朗贝恩那本书的名字是《师者伦勃朗》，我跟它有点关系，因为我的书里三分之一涉及朗贝恩的文化悲观主义。一个可怕的人！卡莱尔在本质上与他截然不同。

施密特：多谢。

斯特恩：关于卡莱尔，我只能说——听起来可能非常夸张、尖刻：他的名声之所以这么坏，这还得归功于德国人。德国人拿了他的思想，就像拿了休斯顿·斯图尔特·张伯伦的一样。但是张伯伦也投靠了德国，在德国住下，并写下了他的卑鄙。非常遗憾，在德国人们只知道卡莱尔关于英雄崇拜那本书，也许还知道他的《腓特烈大帝史迹》；1945年，希特勒还从戈培尔那得到一本史迹，作为励志读物。

施密特：我不知道腓特烈史迹那本书。不过您说的希特勒在防空洞里的读物，这跟我的卡莱尔形象吻合。

斯特恩：但他也是最先看到"自由贸易主义"、工业化、新工厂、贫困化将会带来不幸的人之一——与《共产党宣言》同一时期。卡莱尔对英国现状的批判入木三分。不能不看卡莱尔。我请您不要把他跟伦勃朗德国人……

施密特：好的，我接受。如果能找到他的书，我会留意。之所以提到卡莱尔，是因为我上中学的时候读过他这么个事……

斯特恩：这个我明白。我有一本英雄崇拜的1914/1918年的战时版，我爸在战场上随身携带的。

施密特：您看！1914年的德国青年人就是揣着这样的书被拉到朗格马克被杀戮，还误认为是英勇就义。

斯特恩：我唯一想坚持的是，卡莱尔和您举出的那些人之间，特别是与研究伦勃朗的德国人之间，存在着本质的区别。他们的共同点是广为传播的对现代化、城市和金钱的成见。在卡莱尔书里，这些与一定的宽容以及某种诚实的保守主义相连，朗贝恩则胡扯什么德国人的民族使命和德国的帝国主义前途。这种非理性在卡莱尔书里找不到，相反，他相当严谨。无论如何不能让卡莱尔这个级别的作者为后来德国人制造的卡莱尔负责。这同样适用于卢梭。他的《爱弥儿》在德国成就辉煌。但是，他还写了《社会契约论》，提出了关于社会的政治教育和政治形式的根本思想，在德国却鲜有人知。这里人们对卢梭的印象首先是多愁善感，后来对卡莱尔，则是抽出他的英雄主义说事。

施密特：现在我们真的说到德国知识精英领域了。在这些精英之外，不管卡莱尔还是卢梭还是别的什么政治或社会哲学家都没真正被接受。

斯特恩：研究伦勃朗的德国人的作用远远超出了19世纪90年代读过那本书的圈子之外。那种我们必须回归原始的感觉，特别是对后来改写的"文明"概念的恐惧，对德国青年的期待，所有这些深深扎根于中产阶级中。

施密特：朗贝恩的书似乎取得了30年后托马斯·曼的《布登勃洛克一家》类似的成就。

斯特恩：根本不可比，几乎没有比它们之间更大的本质区别了。

施密特：我不是比这个，您试想一下1900年一个高中督学的办公室，那时桌上放的是《师者伦勃朗》，30年后，桌上放的是《布登勃洛克一家》。又过了几年，桌上放的是《我的奋斗》。

斯特恩：赫尔穆特，我又得驳您了，话可不能这么说。这位高中督学办公室里还有歌德、海伯尔、拉贝、施托尔穆……

施密特：没有《西线无战事》。我读过这本书，我一个中学生深受其影响。这本书非常深刻地宣传了战争的恐怖，非常深刻……

斯特恩：可这是和平主义的宣传……

施密特：读了以后就知道什么叫战争了。

斯特恩：我们现在谈的德国式非理性，小说中德国人那种对某种精神王国的特别渴求，似乎通过1871年俾斯麦建立帝国得到了满足。希望落空后，愤愤不平的非理性泡沫便溢了出来。像尼采对这种现象透视之深刻描绘之入木，尚无人可及。我带来一篇尼采的短文，如果您允许，我想为您诵读。这篇针对那些德国历史学家们，尼采说，他们没有文化关联的眼光。然后他引用了其中一位的话，并说："我没耐心看这些句子，我感到有责任而且有义务告诉德国人他们的良心何在。他们的良心承受着400年的文化罪恶！而且总是以此为由：出于内心害怕现实，亦即害怕真理，出于他们那种已经成为直觉的不真实，出自'理想主义'。"

施密特：这是什么时候写的？

斯特恩：《看哪这人》里的，应该是1888年写的。把理想主义定义为拒绝承认现实，定义为面对真理而怯懦，我感到惊人……

施密特：一段非常洞察的引文。我得承认，我对尼采原本一无所知。记得父亲的书橱里有本《查拉图斯特拉如是说》，但我没看过。

斯特恩：我成人以后一直研究尼采，对于我来说，他是一个伟大的德国心理学家。另外说一句，那段引文是我敢念给您听的唯一的一段。

施密特：我谢谢您。父亲书橱里有两本书让我这个中学生印象特别深刻。一本是奥尔特加·伊·加塞特的《大众的反叛》，另一本是古斯塔夫·勒庞的《乌合之众：大众心理研究》。我很久没碰它们了，书在隔壁什么地方放着。我想，这两本书后来也会放在那位高中督学的书橱里。

斯特恩：两本都很成功。

施密特：您刚才念的那段引文，说的是德国几百年的罪恶，刚才您念的是三四百年。

斯特恩：对。

施密特：真正的罪恶是后来才开始的。

斯特恩：是的，没错儿。

施密特：尼采1888年说几百年的罪恶，指的什么？

斯特恩：文化罪恶。

施密特：是的，他指什么？我认为那段引文非常洞察，我强调这一点，没说的。但是我非常犹豫，能不能强调几百年的文化罪恶。

斯特恩：我丝毫不强调这一点。这是尼采的夸张，与他对路德和路德教的理解有关……

施密特：我对尼采一无所知，请您原谅。我对此说不出什么来，也就是想说我怀疑阿道夫·希特勒和德国杀害犹太人之前有400年的前科似的这种表述倾向。对于我来说，还是无法解释，什么造成了我所在的这个民族在希特勒治下的犯罪行为。我始终不知所措。我也不能勉强同意把一部分责任推到马丁·路德身上。

斯特恩：我确信，希特勒、纳粹、大屠杀既不是偶然的，也不是不可避免的。我完全同意您说的：那种在路德和希特勒之间划一条直线的思想，是彻头彻尾的胡说八道——当然路德的反犹思想不是一点作用也没起。有根源，反犹主义在欧洲有很长很长的历史。也许我在说车轱辘话——我们今天上午说到过——，但我想，纳粹在1933年1月30日以后自己都吃惊，这么容易就夺取了政权。**只要想想大学前面焚书，20世纪在德国大学前面点着柴垛焚书万卷，还被默认，这本身就不可思议！**

施密特：部分解释：组织焚书的学生是狂热的歇斯底里群众的一部分。下一个部分解释：德国人被教育成服从政府。还会有一千种解释，但最终仍是没解释。这种无解对我内心压抑至深！

斯特恩：赫尔穆特，不只是学生，教授们也积极参与了，而且谁也没强迫他们。这才让我震惊。没有比焚书更野蛮原始的了。1933年5月10日的行动本该引起厌恶，导致有人出来说：我们不能让这种人来统治。在一些城市甚至托马斯·曼的书也被付之一炬。他的一位朋友是科隆大学德语文学正教授忍无可忍，站出来抗议。结果，托马斯·曼被从名单上删除了。接着，这位朋友欣欣然，相当激动地参加了庄严的焚书运动。人们不禁要问，这人是怎么啦？再怎么说他也写过一本关于尼采的重要的书啊。

施密特：教育保不住人不受惩罚，弗里茨。

斯特恩：您说的德国教育教人服从，可以作为对1933年发生的事情的一种可能的解释。德国人的这种实际上特别突出的服从，您相信后来在执行灭绝犹太人时是不是也起了决定性的作用？

施密特：这个我相信。参加执行的有好几千人。让他们做什么，他们就做什么。他们这么做，直觉和情绪是否也起了作用，这个我不知道。我想讲一个故事。1933年，阿道夫成为纳粹舵手时，我刚满14岁。我有几个我们班上和外班的朋友；我不知道他们是犹太人。我也根本不知道犹太人是怎么回事。我还是第一次从施特莱歇尔和戈培尔的宣传里听到"犹太人"这个词，但没明白是什么意思。过了几年赫尔穆特·格尔松不见了；他是我学校里的朋友。听说他跟着父母去了美国。也有人说，他跟着父母去了匈牙利。还有说别的的。您自己说过——我记得这句话出自以前咱们的谈话，弗里茨——是元首把您变成了犹太人。元首让我明白了，有一个犹太祖父意味着什么，因为战争中我需要一份结婚许可，必须出示雅利安血统证明。我父亲伪造了一份雅利安血统证明，弄到一份证明书，上面写着：外祖父不详。我没有因为外祖父是犹太人而生他的气。我恨他让我姥姥怀了孕，却没娶她。我父亲也恨他。我要说的是，一个中产阶级的官员家庭不知道"犹太人"这个词是什么意思。

斯特恩：对此我有疑虑。如果您允许，我想从我这方面说说。1933年1月30日那天我6岁，就是说，再过两三天就7岁了。放学后我买了一份号外——"希特勒被任命为帝国首相！"——，给了我父亲，清清楚楚地知道，这是一个可怕的消息。对于我来说，纳粹当时就是恐怖的化身，他们的大棒和街头斗殴让人毛骨悚然。

施密特：是啊，跟我们家差不多。我们家里也认为，纳粹是坏蛋。

我岳父那时就告诉他的孩子们：这意味着战争。但是犹太人所谓完全不同于非犹太人，这个，1933年无论我的岳父母还是父母还是14岁的我本人，都没意识到。

斯特恩：好吧，反犹主义是纳粹——不仅仅是纳粹——在魏玛时期异乎寻常地煽动起来的，以至于总要一再提到这种宣传。不过，一开始并未锁定犹太人为牺牲，当时目标是政治对手。至今令我困惑和忧伤的是纳粹对待自己人民——如果可以使用这个词的话——如此野蛮残暴。我父亲的病人里有许多社会民主党人；其中一位——我那时还是孩子听到的——家里被扔了一颗炸弹。这还是1月30日以前的事，炸弹明明白白是纳粹扔的。我清楚地记得1月30日以前的街头恐怖，所以明白，现在将非常凶残地对付政敌。不久集中营存在的事实也不是秘密了。纳粹毫不掩饰，这种集中营是为了改造政治上的……

施密特：我那时不知道这个。

斯特恩：达豪集中营是1933年建立的，不仅仅用来关押政敌，也是为了震慑其余所有的人，所以必须公开，集中营是干什么用的。很快就传开了，甚至还有照片。

施密特：在汉堡有"Kola-Fu"，这是福尔斯比特尔集中营的缩写，不过福尔斯比特尔是一座普通监狱……

斯特恩：可是在汉堡，人们很快就知道了那首诗："亲爱的上帝，把我治成哑巴，就不去达豪啦。"恐怖无处不在，以致口口相传，这对专制政权十分重要。

施密特：您说，纳粹对于六七岁的您是恐怖的化身，对政敌实施的恐怖。您是否也觉察到了，纳粹是对犹太人的一种特别的威胁？

斯特恩：可能没有。原因很简单，因为1933年1月30日我不知道，我是犹太人。我的父母是改宗的新教徒。至于我是"非雅利安人"，这个是我父亲1933年2月，最迟3月，不，是1933年2月对我挑明了的。

施密特：1933年2月我14岁，在我父亲的影响下，我对纳粹分子和对共产党人同样深恶痛绝，但不是因为他们敌视犹太人，而是因为他们乱开枪和打群架。父亲教给我们，假如外面谢林街上响枪，你们赶紧缩到窗台底下，千万别站在灯光照着的窗户旁边。对于14岁的人，两者都是罪犯：共产党人和纳粹分子。

斯特恩：对于7岁的人，暴力很快就跟阿尔布莱希特王子街的可怕故事绑在一起了……

施密特：这个地址您很晚以后才能得知。

斯特恩：不，1933年！我刚才说了，我父亲的病人里有许多社会民主党人，关于他们我们听到的很多，从在阿尔布莱希特王子街被殴打的人那里听来的，从因为怕出事而不得不连夜潜逃的人那里听来的。这个我记得真真切切。

施密特：柏林的阿尔布莱希特王子街是国家秘密警察总部所在地。

斯特恩：是的，是后来帝国安全总局所在地。纳粹为了把政权建立在恐怖之上制造的精神敏感至今留在我心上，怎么说呢，那是一种魅力，震慑的魅力。他们知道，某种特定的恐怖是必要的，他们显然采取了恰到好处的措施。问题是，德国人为什么那么容易就被吓住了。

施密特：假定德国人大多数内心里不赞成纳粹，那就怪了，为什么没有出现可以算数儿的抵抗？5月初工会没了，两个月后所有政党都没了。

斯特恩：3月初最后一次大选，已经是在严格控制下举行的，对新政府的支持票占 43%。

施密特：您得取 1932 年夏天的大选作为参考值，那次是 37% 以上。我记得很清楚，纳粹得票直线上升，这显然与经济状况有关——那时失业人口近 600 万。形势很不好，那时候的失业真正是贫困，今天完全不同了。——我必须向您承认，战争中我才明白了，纳粹是罪犯。我是从 1934 年左右开始讨厌纳粹的。我去上钢琴课，走着去，大约 40 分钟到钢琴老师家。沿路老得经过贴着"冲锋队"广告的箱子——我觉得非常恶心。第二个经历是 1937 年，我在青年义务劳动军里。我从报上看到，慕尼黑有一个"蜕化艺术"展览。慕尼黑离汉堡难以想象的远，就像从这里到新西兰那么远。所有我心爱的画家的作品都在慕尼黑展出，因为他们被定成是"蜕化"的。我发现，纳粹疯了！为此我跟我叔叔大吵一场，叔叔在党，认为展览完全正常。那时我只认识到他们疯了，没认识到他们是罪犯。我在战争中才逐渐认识到这一点。真正认识到是我被派去人民法院，那天我必须坐在旁听席旁听。我看到了弗赖斯勒是如何对待被告的。这大概也是为了震慑旁听席上的听众。那天我明白了，这是犯罪。那是 1944 年夏天，太晚了。

斯特恩：赫尔穆特，请您原谅，我要说的是：属于这种犯罪的还有一种看不见的波澜，尼采说的"面对真理的怯懦"。现实是，纳粹逮捕异见人士、从前的政敌、犹太人和任何他们看着不顺眼的人，在这个意义上说，他们占领了阵地。我从小到大受的是新教教育，跟父母过圣诞节，但我心里明镜一样，我身上有非雅利安人的烙印，按照新主子的理解，是卑劣的、低下的，还有什么缺调少教道德败坏。这种现实，我小时候完全清楚看到了。

施密特：有救助的标志吗？

斯特恩：有，当然有特例，正直的"雅利安"友人直到最后都来看望，还有我父亲的病人，还有忏悔教会的牧师，都是特例！不过回过头来看，德国缺少的，总是反抗政府的传统和对政治受害者的救助。

施密特：我们邻国丹麦有一个杰出的救助实例。1940年丹麦被占领，丹麦人几乎救出了所有的犹太人，秘密把他们送到瑞典。丹麦犹太人差不多全部逃了出来。这样的故事在欧洲别的地方几乎没有。

斯特恩：对不起，我得补充两句。可惜不是**所有的**丹麦人，而是几个丹麦人……

施密特：对，您说的完全正确。还有丹麦共产党人，我们有位年轻的朋友，那时是丹麦共产党员，他跟渔民们连夜把犹太人送过了海峡。

斯特恩：英雄大义，没说的，我也喜欢寄希望于这种特例，因此也知道别的国家的例子。有位伟大的荷兰历史学家赫伊津哈。出了件什么事以后，纳粹说：不许犹太人再在荷兰大学里就读。莱顿大学校长说，他拒绝执行，而且不公布。赫伊津哈找到校长，说：您听我说，您才35岁，有三个小孩。我快70岁了，这事让我来办。第二年他出自抗议，退休了，不久被劫为人质。有这样的特例！德国也有。我想起伟大的心理学家沃尔夫冈·科勒，他1933年公开反对种族政策——一位百分之百的雅利安人！后来离境了。就在教授们接受纳粹的要求，把犹太同事踢出校园那一刻，灾难开始了。在许多人头脑里，掺混着潜在的反犹主义和机会主义：一旦犹太人的位置空出来，他们自己就有机会了。

施密特：一个个捋下去，德国有许多特例。比如我的岳父母就曾在地下室里或地板上藏匿犹太朋友，每次总是藏一夜。天一亮，他们得赶紧跑，下一夜又藏在另一家。这样的事，不仅德国有，欧洲到处都有。

斯特恩：是的。我的立场是，这些特例，应该得到比他们所做的事更多的敬重。我这样毫不犹豫地称这些特例为默默的正直。不能只把罪孽、谋杀、打死人和毒气大屠杀传给后代，好像根本没人对这些作出过反抗似的。更要重视这些默默的正直。另一方面当然要问：为什么这么少？德国人能够部分地在其占领国动员出潜在的反犹主义，不是问题。他们在法国、在荷兰、在各地动员出了潜在的反犹主义，更遑论东欧国家。

施密特：我前面说过去上钢琴课的路上老是经过贴着"冲锋队"广告的箱子，说过我多么厌恶。我相信，多数德国人反感这种恶心宣传，不能再听没完没了的"犹太人的罪过"。德国人对此不感兴趣。

斯特恩：我认为这个很重要：他们对此不感兴趣。人们可以说上整整100年：他们不想看到，不想听到。

施密特：整整100年，这走得也太远了！

斯特恩：我想补充说明，这是名句，1985年5月8日魏茨泽克讲话中的句子，40年后仍然掷地有声："谁张开耳朵和眼睛，谁想知道，就不会听不到放逐的车轮滚动。"

施密特：是的。理查德·魏茨泽克属于德国上层。他不需要支起耳朵，他的家庭关系和玛丽欧·顿霍夫类似。这是最高的社会阶层。他们什么都知道。可是像我岳父母和我父母那样的小民百姓，他们几乎不可能知道什么。我想到水晶之夜①——什么时候来着？1938年。我那时是新兵，在不来梅—菲格萨克当兵。我们根本没注意到这件事，连队上课时也没提，什么地方都没提这事。

斯特恩：你们被军营与外界隔离了，在某种程度上被孤立了。但是多数人应该看见了，捣毁的店铺、燃烧的犹太会堂。

施密特：不对。周末放假，周末假。我一个月里去一趟汉堡，一趟不来梅，两趟菲舍胡德。商店里没人说起水晶之夜。说人们不**想**看见是不对的，人们是不知道。

斯特恩：不对，不对。几百万德国人肯定看见了，因为着火了，犹太会堂着火了——全国各地的犹太会堂。

施密特：我父亲要是看见了，会说起的。我们区没有犹太会堂。哈费斯图德有，可我们那没有。1942年我妻子和我搬到格卢克街。战后多年我才听说，1938年以前那里有座犹太会堂。那时候我不知道。

斯特恩：有多少德国人知道，这个问题通常指大屠杀。众所周知，灭绝营都设在德国之外，在波兰。这是一件凶残的事。至少可以暗示，纳粹对自己要做的事把握不定，怕引起抗议，这就是他们为什么喜欢把犹太人运送到遥远的东方去。当然不能忽视对犹太人的歧视——到处可见"不欢迎犹太人"。他们不许坐公共长椅，这不许，那不许，所有这些，我小时候都经历过！这不能看不见！但后

---

① 1938年11月9日至10日凌晨，纳粹指挥煽动德国各地的冲锋队、青年党卫军和秘密警察化装成平民走上街头，挥舞棍棒，打砸抢烧犹太人住宅、商店和教堂。这一夜给犹太人造成了巨大的灾难，约267间犹太教堂、超过7000间犹太商店、29间百货公司遭到纵火或损毁。奥地利也有94间犹太教堂遭到破坏。这一夜仅砸毁的玻璃，价值就达600万马克，相当于比利时全国半年玻璃生产总值，因此史称"水晶之夜"。

来的放逐又有不同，是秘密进行的。我认为，这是区别所在。

施密特：我在这里也讲个例子。那是 1945 年 3 月，——从阿登战役①撤军。我所在的兵团全军覆灭，我跟两位战友还在美军防线后方坚持，到后来只剩下我一个人，后来转到英军防线后面，朝着汉堡方向退去。就是说，从阿登到汉堡，全程步行，昼伏夜行。白天睡觉时被发现而活捉，受到一名英国军官审讯。他盘问我贝尔根—贝尔森②。英国人是在索尔铎北面几公里的地方抓到我的，就在贝尔根—贝尔森边上。我却不知道贝尔根—贝尔森是什么，根本不知道。

斯特恩：这个我可以理解，不过您不知道达豪，着实令我吃惊……

施密特："达豪"这个词，我在战后才头一次听说。

斯特恩：不知道贝尔根—贝尔森，我可以理解。不知道达豪太奇怪了！

施密特：但事实如此。我想再给您讲一个故事。1944 年，我属于空军司令部联席会参谋部，我的顶头上司是年轻的总参上尉或者少校弗里德里希·格奥尔基。战后他成为帕雷依出版社的社长，有一段时间还是德国书店业股票交易协会会长，一个了不起的人。弗里德里希·格奥尔基是 7 月

---

① 1944 年，纳粹德国在比利时阿登地区发动的西线最大的阵地反击战，以德军惨败告终，伤亡 10 万人，损失坦克和重炮约 700 辆、飞机 1600 架。阿登战役成为"二战"转折点，之后，希特勒再无后备力量可以补充，德军在西线再也无力阻挡盟军的前进了。

② 纳粹集中营的名字，位于今天德国下萨克森州贝尔根郊区贝尔森，离汉堡约 95 公里。

20 日在本德勒大楼被枪决的奥尔布李希特将军①的女婿。格奥尔基 7 月 21 日即被捕，他一口咬定什么都不知道，他的妻子却因此疯了。如今两口子都久已作古。我是格奥尔基手下最年轻的参谋，所谓红色中尉；我不红，但我反对纳粹。格奥尔基参谋部的人都知道，他们也反对纳粹，我们之间不避嫌。但是格奥尔基从来没说起过奥施威茨或是犹太人灭绝营。大概他知道的也不多，尽管他岳父是最高将军之一。也有可能是奥尔布李希特不愿意女婿知道太多，成为包袱。一个人不想把自己知道的告诉别人，成为人家的包袱，这个我本人就可以证明。比如战时我就没告诉妻子我不是纯雅利安人出身。

斯特恩：您是什么时候知道的？

施密特：1934 年。

斯特恩：从谁那？您父亲那里？

施密特：从我母亲那里。我母亲说：你不能对任何人提这件事。我明白了，说这事是危险的，因此也就没说过，连跟我父亲都没说过。后来为了办结婚许可，才头一次跟父亲说这事，那是 1942 年。但是到了战后，我从俘虏营回来，罗吉才知道她丈夫不是纯种雅利安人。

斯特恩：您对具体实例的描述，让人相信，您确实不知道。您能说，大多数中下阶层的人也是这样吗？

施密特：这个我不敢说。工人阶级内部有一种从帝国旗②时代、社

---

① 弗里德里希·奥尔布李希特，第三帝国步兵将军，1944 年 7 月 20 日刺杀希特勒事件参与者，事败后次日（不是施密特说的 7 月 20 日）在国防部本德勒大楼院内被处决。

② 全称"帝国黑、红、金旗，德国参战人员与共和党人同盟"，魏玛共和国时代以社会民主党人为主的准军事组织，旨在捍卫民主的国家制度。

会民主党人时代、德国共产党时代一脉相承的个人间的团结。他们彼此认识，知道的有时比中学督学或小学老师还多，因为他们交谈。当年的社会民主党干部团结一致，当年的德国共产党干部团结一致，只要条件允许，他们总是休戚与共。这就是说，当年左翼政党的干部阶层可能比小资产阶级群众对纳粹有更详细的了解。不过这仅仅是猜测。

斯特恩：我同意您的见解，但是在另一方面，恰恰一开始时就是针对当年政敌的恐怖行动特别厉害。维系旧日联系时，肯定提心吊胆。

施密特：恐怖与恐惧都极为强烈，人人害怕盖世太保①。

斯特恩：单单"盖世太保"这个词就够瘆人的。如果今天问德国人当时知道哪些，肯定要把恐惧算进去。"知道"，顾名思义，一个人得知什么，并道出来，这说的是一件事。下意识或半下意识层次的"知道"——例如，人们得知水晶之夜以后几天里一下子逮捕了近 4 万犹太人，发生了人们不愿得知的事，不愿意知道而知道了，这样的人有好几百万，干脆视而不见。——我还想提一点，涉及国外。1942 年到 1943 年间关于灭绝犹太人的消息传到国外，听起来让人毛骨悚然，以至于许多人拒绝相信。这不可能，许多人这样说，好让自己的良心平静下来，尽管有相当可靠而且具体的消息，大约从 1943 年起。连许多犹太人都愿相信。战前纳粹的政策是，把犹太人赶出德国。怎么才能把犹太人赶出德国？把他们送到什么地方去？随着战争的爆发，这种考虑转到另一个方向。我

---

① 国家秘密警察的简称。

不相信，从肉体上消灭犹太人最初是纳粹政治明确的目的。不过我记得，1939年2月初，我给姐姐写了一封信——她住在一所学院里，我住在纽约父母家里——信里，我告诉她元首的讲话，他说：如果打起仗来，就会导致犹太人在欧洲灭绝。我是把这话当真的。

施密特：他什么时候说的？

斯特恩：我记得是1939年1月30日。我想说，战前，只有极少数纳粹分子想到过真的消灭犹太人，多数纳粹分子想的是：让他们滚出去！这个滚出去部分地是犹太人的大福大幸，他们有六年的时间离开德国。但是很少人相信，事情激化下去，"犹太人该死！"这种不断重复的灭绝威胁会成为事实。

施密特：纳粹心理学是一个可以论钟头讨论的题目，不过我觉得不讨论为好。我更想跟您讨论，为什么德国人当年如此蒙昧？当时的德国广大民众的政治教育，无论从哪个角度来看，都不及格。他们根本不懂国家是什么。"民主"这个词，我在学校从来没听说过。这个词仅仅在纳粹宣传中出现过。因为纳粹谩骂民主如何如何坏，我就知道准不是这么回事；可是民主到底是什么，我一点都不知道。

斯特恩：在魏玛共和国时期，您没听说过民主？

施密特：是的，一次也没听说过。民主没出现过，法制国家的概念没出现过，自然法、人权全都没出现过。

斯特恩：那您在学校里都学什么了？

施密特：独立工作和独立判断。而且那是一个特殊学校，一个左倾学校，大多数老师是社民党人和共产党人，理想主义的共产党人，理想主义的社民党人，但没有政治教育。

重要的是音乐课、艺术课和刚才说的独立工作。

斯特恩： 令人吃惊的是，不熟悉法制国家，因为德国人对法制国家一直引以为荣。法制国家——绝对得有，民主——可有可无。

施密特： 法制国家本来从腓特烈大帝就有了。登基第三天，他就废除了酷刑：法庭之上，严禁用刑。他是一个开明的独裁者，肯定是德国最早的开明政治家之一。

斯特恩： 有意思，"法制国家"这个关键词让您最先想到的是普鲁士……

施密特： 看德国历史，人们在重大事件上总要先看普鲁士，掠过符腾堡和巴伐利亚，掠过天主教的莱因兰和威斯特法伦，掠过自由的帝国城市。这些都是早期民主，一种民主的寡头政治形式，有如古代雅典那种形式。古代雅典也不是民主制，实际上是寡头民主。外邦人不能参加投票，奴隶反正不能。在汉堡也类似，没有市公民证的人，不许参加选举。

斯特恩： 佩服！特别同意您对普鲁士的看法。普鲁士人看重法制国家思想。

施密特： 法制国家究竟源于何人？我没文化了。源于腓特烈二世？

斯特恩： 1794年颁布的《普鲁士通法》，俗称"普鲁士伪宪法"，1794年腓特烈大帝已经过世，但是那些非凡头脑所做的准备工作出自他从前的愿望。第一个明确定义法制国家的是宪法学家罗伯特·封·穆尔，一位符腾堡的1848年革命党人①，他的法制国家定义类似盎格鲁-撒克逊的"法治"。

施密特：请让我再说说腓特烈大帝。我一直认为他是一个分裂的人物……

斯特恩：一个绝对分裂的人物，正如德国历史上的许多……

施密特：内政自由，外交则是小号的亚历山大大帝。

斯特恩：我打算同意这个说法，虽然"自由"有些夸张。至于外交政策，只能说，第一，他走运……

施密特：而且是名副其实。他自己总是站在外面。太容易牺牲疆场了。

斯特恩：他一再出头露面——双重意义：一仗接着一仗，当然那个时代几乎所有欧洲民族都在马不停蹄地互相打斗。主要是争夺西里西亚，至少这是个开端。

施密特：您在布莱斯劳上学的时候，腓特烈大帝是表率人物吗？

斯特恩：希特勒早就把他盖住了。靠通法、法制国家原则、宽容等传统，纳粹成不了事。战争快结束时，腓特烈二世被树为坚持到底的偶像，但我没赶上。我记不得腓特烈二世在学校里是个特殊形象。我想再回到您关于德国人的政治教育不及格的说明上。这个问题与我准备好的一个问题一致：为什么让人惊魂未定的"一战"不足以教育德国资产阶级政治上理智？为什么像托马斯·曼那样的人寥寥可数？托马斯·曼在1914年战争爆发前也曾狂热，

---

① 参加1848年革命的自由主义学者。发生在1848年的欧洲大革命是自由主义知识分子和平民百姓反抗君主独裁统治的暴力斗争，策源地是意大利西西里岛，很快波及全欧洲，仅俄国、西班牙及北欧少数国家未受影响。1848年革命虽然失败了，但造成各国君主与贵族体制的动荡，并间接导致德国及意大利的统一运动。

但 1922 年作了著名的报告"德意志共和国",说:我们必须重新认识并改变自己。他的目的是,"为了共和国,为了人称民主我谓人性之物",去争取青年和资产阶级。他用诗意的莽撞让德国浪漫主义诗人诺瓦利斯①跟美国诗人沃尔特·惠特曼联袂,以表示民主与诗歌兼容并蓄,源远流长。托马斯·曼的演讲无论如何是对魏玛共和国的认同——一种十分罕见的表白。为什么资产阶级没从战争学到东西,相反却得出了错误的结论?

施密特: 我的回答完全初步,可能极不周详。作为初步答卷,我想说,德国人从来没有认真思考过必要的国家结构。原因可以追溯到很远。与法国和英国不同的是——我提出孟德斯鸠、卢梭、洛克、休谟来——德国根本没有过政治思想家。启蒙伊始有过几个人,现在早被遗忘了——其中一位姓普芬多夫②——,他们全都没能影响民间社会。究竟是何种因素造成了不包括自由城市在内的德国民众,特别是贵族和军官阶层,还有教授们,全都不懂民主?在他们眼里,民主不是什么好东西,而且相当危险。

斯特恩: 有黑格尔,黑格尔把国家拔高了。还有卡尔·马克思。

施密特: 卡尔·马克思是社会学家,关于国家,他没写过真正有用的。马克思完全没有国家思想。黑格尔认为是怎样就怎样,国家是一切可以想象的事物中最好的。他说的是普

---

① 乔治·菲立普·封·哈登堡(1772—1801)男爵的笔名,德国早期浪漫主义作家、哲学家,也是矿山工程师。
② 萨穆埃尔·封·普芬多夫(1632—1694)男爵,德国启蒙运动初期的自然法哲学家、历史学家和国际法学家。

鲁士国家，腓特烈·威廉三世的国家。恩格斯称这位三世是有史以来坐在国王宝座上的最大块头的木头之一。德国人没有深入探索过三权分立，这活儿他们交给了孟德斯鸠。他们也没像美国《联邦党人文集》①的作者们那样，深入探索过国家内部的权力平衡。所有这些，德国人都没探索过，他们只研究过抽象状态的国家。

斯特恩：有一个例外：普鲁士的短暂改革时期，曾经把臣民变成公民。军事改革家和普鲁士的国体改革家哈登贝格②、洪堡③、施泰因④。必须补充说明，改革没有全部如愿。

施密特：与其说是对理想的国家结构的思考，不如说是对理想的公民类型的思考。

斯特恩：对，可这两种思考是同时进行的啊！

施密特：不一定。就我看到的而言，改革者的动机是教育学的，就连这个也很快蒸发了。我想到1848——圣保罗大教

---

① 《联邦党人文集》是联邦党人1787—1788年纽约各报发表的85篇文章的汇编。这些文章的目的在于说服各州批准1787年起草的美国宪法。

② 卡尔·奥古斯特·封·哈登贝格（1750—1822）男爵，普鲁士政治家，1804—1806年任普鲁士外相，因不同意腓特烈·威廉三世的亲法政策而被拿破仑逼退，这使他成为德国民族自由运动的先驱；他在流亡期间写的《改革备忘录》提出了普鲁士国家改组建议；1810年，哈登贝格接任普鲁士首相，直到1822年逝世，期间继续前任改革，1814年由于改革成就被晋封为公爵。

③ 威廉·封·洪堡（1767—1835），著名洪堡兄弟里的兄长，德国学者、政治家、德国自由主义的鼻祖、自由柏林大学创始人，在施泰因男爵改革内阁里负责教育改革。

④ 海因里希·弗里德里希·卡尔·封－祖·施泰因（1757—1831），普鲁士政治改革家，与哈登贝格同为普鲁士改革的推手。他在维也纳会议上提出的德国改革方案基本未能实施。

堂①——当年大多数建议来自法国，主要来自美国②。没有来自普鲁士的。

斯特恩：对，我特别提出普鲁士改革来，因为这是一场自上而下的革命试验——这是马克思主义者无法理解的。改革者的确是要改革腓特烈体制，进行一场仿照法国大革命的适度革命，倡导拒反腐蚀、责任心和某种意义的法制国家。

施密特：我准备向法制国家致以最崇高的敬意。我对施泰因和哈登贝格缺乏研究，对军事改革成绩还可以评价。克劳塞维茨③说得非常清楚：领导战争的是政治而不是军事。这种思想不仅是革命的，而且也能真正制衡国家内部的权力。因为军队肯定倾向于打仗——100年后威廉二世大放厥词：现在战略说话，政治闭口。但是抛开军队的自负不谈，普鲁士改革的宪政思想相对不重要。

斯特恩：酷刑废除了。

施密特：废除军队里的酷刑惩罚并没有把普鲁士士兵变成穿军装的公民。

斯特恩：没有，没有，这个属于德国联邦国防军。请允许我说，是国防部长施密特的权力！话桌上也需要点荣耀！

---

① 1848年3月，全德国进行自上而下的革命，国民议会在莱茵河畔法兰克福的圣保罗大教堂召开制宪会议，翌年3月28日颁布帝国宪法。

② 原文如此。

③ 卡尔·封·克劳塞维茨（1780—1831），普鲁士将军、军事理论家和军事改革家。

施密特：与克劳塞维茨和沙恩霍斯特①相比，今天的联邦国防军的确是一个难以想象的巨大进步。即使与20世纪60年代末和70年代初相比，也是一个难以想象的巨大进步。

斯特恩：穿军装的公民是理想，这没说的。后面却隐藏着法国革命的理念：把一个被国王强迫拿起武器的臣民变成一个为了捍卫他自己的理想而满怀激情投身战争的公民。因此，普鲁士改革家不必非说穿兵服的公民，他们心目中的公民就是坚信祖国的价值，准备为祖国去战斗的人。自上而下革命的理念是：国家如何确保能取得对于它有用的革命成果，而无须承担真实革命的风险？能够洞察法国革命取得的可以借鉴成就，这本身就是相当革命的了。改革进行中还要抵制国王激烈的反抗，在关键时刻认清外来的危险拿破仑。改革使用的民族概念，普鲁士国王根本不懂。

施密特：费希特的告民族演讲②是什么时候？

斯特恩：1808年。可惜里面已经有了我们今天称为民族主义的内容，某种程度上的种族主义论调。

施密特：大学改革也是这个时期进行的。至今仍在庄严地赞美洪

---

① 格哈德·封·沙恩霍斯特（1755—1813），普鲁士将军，1807年起任军事组织委员会主席，成功地组织了普鲁士军队改革。他认识到军队与社会变革之间的关系，被视为德国军事改革的先驱。

② 《告德意志民族》是费希特从1807年12月起一个学期讲座的汇编，1808年间出版。时值拿破仑占领期，费希特的演讲试图激发一种德意志民族主义，达到从法国统治下解放出来、建立民族国家的目的。费希特主张外交和贸易政策独立自主，实行义务兵役制和通过国民教育提高民族素质。这些演讲也流露出德意志民族的优越感，称犹太人将侵蚀德国，公开表示希望将犹太人驱逐出德国，还对波兰表示厌恶，宣称他们的文化是野蛮的，波兰人都是尚未开化的蛮族。

堡①的思想，到处都在抱怨洪堡的大学完结了。我以为，以教学和研究相结合的原则为基础的洪堡的大学理念是海市蜃楼，在现实中无法实现。而且这种理念导致了无视自然科学和技术。

斯特恩：如果说今天威廉·洪堡的大学比以前任何时候都更像他弟弟亚历山大·洪堡的大学，就此而言，我承认您说的正确。但在1810年，自然科学刚刚起步，威廉·洪堡全然不知，虽然他有一个著名的自然科学家弟弟。他虽然在职时间不长，但从根本上改革了全部普鲁士教育制度，而且把柏林大学变成了一个大型高等学府。他坚信，单单教学不够，单单研究也不够，两者必须结合起来。这种理念虽然不尽现实——这个我同意您说的——但仍然大大地推动了科学史的进步。毋庸讳言，成就是巨大的，尽管基本理念可能是乌托邦。

施密特：再回到您原来的问题上来。无论在洪堡那里，还是在费希特和黑格尔那里，就我所能判断的而言，我都没找到关于国家的必要性的基本思想。

斯特恩：威廉·封·洪堡在《界定国家作用的尝试》一文中研究了这个问题，文章写于1792年，也就是说受到法国大革命的影响。文中正确指出，国家是政治现实，并试图让单个的人有机会受到最高的教育："接受这种教育不可或缺的前提是自由。"当然这不符合普鲁士的新闻检查制度和警察权力。约翰·斯图亚特·穆勒的《论自由》(1859)可以说是欧洲自由主义最重要的著作，用了洪堡的一句话作为座右铭。他在国外好像比国内更被看重。

---

① 施密特所说的洪堡，这里显然仅指威廉·封·洪堡。下同。

施密特：那篇说的什么？

斯特恩：解释自由，并为自由辩护，还有自由多种形式之绝对必要，当然分析了自由必然带来的危险，特别是多数人的独裁。

施密特：有意思。不过我想再一次指出《联邦党人文集》。它们远比德国的辩论高明，思维也缜密得多。

斯特恩：当然。它们不仅比德国的辩论高明。《联邦党人文集》提出了批准美国宪法的基本根据：此处涉及到基础问题，如何才能建立起一个联邦制的共和国，论证了三权分立和制衡原则，除此之外，还提出了最高法院的必要性。毫无疑问，《联邦党人文集》是西方启蒙思想最现实的表达。不过，很难比较文中解释与洪堡的大学改革理念。即使洪堡在政治方面令人失望，无论如何贬低不了他的努力。不要忘记，独立思考不是德国大学鼓励的事物。大学在学生完成教授的要求之外，别无所求。洪堡的理念在美国影响很大，19世纪下半叶已经影响到英国……

施密特：接近19世纪末，已经影响到日本。

斯特恩：我仅仅想说：我关心的不是赞美洪堡，我关心的是洪堡的伟大尝试并未彻底失败这样一个事实。

施密特：对此，我完全同意。我也不想被人怀疑贬低威廉·洪堡。尽管这样，我还是想做个多余的评注：从今天来看，我觉得亚历山大·封·洪堡比其兄威廉重要。

斯特恩：我们能不能求个同：两兄弟里——如您所说从今天来看——一个比另一个重要。但是，恰恰从今天来看，重新加强对威廉的研究，就好了。

施密特：我同意。不过我仍有点怀疑，19世纪德国教育与政治的发展之所以越来越脱钩，威廉·封·洪堡不是无辜的。德国一个受教育的公民必须学习希腊语，他必须学习拉丁语，他必须知道修昔底德①是谁，他必须知道伯里克利②是谁，他必须知道奥古斯都③，谁知道还得知道哪些个——但他不能就此成为一个成熟的公民。他学的是仰视历史上的大人物并相信权威，但他没学如何区分表率之对错。想一想对兴登堡的崇拜夸张到了什么地步，因为德国人尊其为元帅，他就成了伟大的权威——实际上元帅不是他，而是鲁登道夫，可是德国人不知道这个。

斯特恩：因为鲁登道夫有意不让德国人了解他。他做得非常巧妙，从而能在兴登堡背后兴风作浪。

施密特：结果是魏玛共和国的消亡，对此有三个人逃不了责任：巴本、施莱歇尔和兴登堡的儿子奥斯卡……

斯特恩：按照新的兴登堡传，我觉得国人也得将帝国总统本人算进去。他显然颇为自负，想插手转动摩天大轮。

施密特：我问自己，他是否在1916年已经把领导权交给了鲁登道夫。这人反正是个力不从心之徒，有点像1940年的贝当：一个有昔日功勋的老先生。兴登堡外强中干，没有真正的权威。这人脑子里没什么货，但仪表堂皇。他给德国人一种感觉，《凡尔赛条约》是前所未有的瞎胡闹。当然他受到不公正……

斯特恩：我得提个小小抗议！

---

① 修昔底德（公元前454—公元前399和396之间），雅典历史学家和战略家，以8卷本《伯罗奔尼撒战争史》未完成稿传世。

② 伯里克利（约公元前495—前429），具有重要影响的政治家，开创了雅典黄金时期伯里克利时代，领导雅典人在希波战争废墟中重建雅典，扶植文化艺术，培育当时被视为激进的民主力量。

③ 指第一个罗马皇帝屋大维。

施密特：您请！

斯特恩：《凡尔赛条约》自然不公，但是，九个月前德国人强加给俄国人的《布列斯特－立托夫斯克和约》难道公正吗？

施密特：这个我无法判断。可能大多数和约都不公正，但《凡尔赛条约》对战败国尤其苛刻。它把大多数德国人激火了，他们本来相信伍德罗·威尔逊说的，只能是没有赢家的和平。因为《凡尔赛条约》把巨大的财政负担强加给德国人，所以魏玛的民主尝试一开始就带有很大风险。

斯特恩：对的，这个毋庸置疑。另一方面，许多经济史学家说，恶性通货膨胀在战时就有了，《凡尔赛条约》的义务大概只是有所加重……

施密特：大大加重了……

斯特恩：但《凡尔赛条约》的条件不是通货膨胀本来的原因。

施密特：不是唯一的原因。每场战争都会导致国家债务增长，对战败国或战胜国都是常事，对战败国的影响比战胜国大。但是如果战败国还要附加人为的赔偿，像1919年的德国所承担的幅度，那就毫不奇怪要导致恶性通货膨胀了。

斯特恩：对于战胜国，战争也会造成恶性通货膨胀吗？

施密特：会，因为每个国家在战争中都要借债，还债很艰难，只有印钞票堵窟窿。

斯特恩：但是，德国领导层总是算着败军买单。

施密特：是啊，可那都是些个军事傻瓜。

斯特恩：不对，其中也有一部分政治……

施密特：好吧，就算是军事和政治傻瓜吧！

斯特恩：赫尔穆特，有时候不太好辩驳您。我再回到刚才提出的问题上来：为什么德国人从"一战"没有吸取足够的教训，或者根本没有吸取教训？其中一个主要原因是被隐瞒的太多这样一个事实。从1918年末1919年初的内阁记录看，当时辩论过是否应该公布战前文件，那些文件明白无疑，德国军事不仅准备打仗，而是被逼着去打仗。社会民主党内部——更不要说独立社会民主党了——有人尽管顾虑到这样做对同盟国的天大好处，还是主张公布文件。他们要让真相见见阳光。特别主张公开的人里有位弗里德里希·艾伯特，我简直不敢相信他是一个保守的社会民主党人。但是党内多数没通过相关决议。德国民主党也没要求公布文件。反之，慕尼黑的库尔特·埃斯纳公布了一部分文件，遭到唾骂，被视为内奸，最终被谋杀。1918年末1919年初，对发动战争与战争运作真相的压制和缄默成为魏玛共和国最缺德的罪孽，成为悲剧的开始。

施密特：我同意。但是在别的参战国家，情况也好不到哪里去。

斯特恩：区别是，对待真相，赢家比输家要大度些。

施密特：唯一的一位以出色的方式试图，尽管是短暂的尝试，从"一战"中得出对全世界的原则性的广泛后果的人，是美国总统伍德罗·威尔逊。可惜他只坚持了一年，便失败了……

斯特恩：败在家里，败在他的同胞手下。

施密特：要不然也会败在法国人手下。

斯特恩：可能。但是在法国，除了走得太远的和平主义者，还有白里安那样的政治家，他懂得，德法合作是绝对必要的，法国人和德国人承担不了一次新的战争。

施密特：是的，有这样的政治家，德国也有，但都是例外。即使古斯塔夫·施特雷泽曼这样的政治家，虽然准备与法国和解，但对波兰却持保留态度。我们今天一早已经谈过了。

斯特恩：我总是要回到尼采。1918年末1919年初，德国资产阶级的大多数竟然拒绝接受战争失败的原因，高度证实了尼采关于拒绝现实的话。多数人抓住背后一刀说[①]坚称：我们本来没有输掉战争，我们的胜利被人偷走了，我们被人从背后阴险地扎了一刀，扎黑刀的是社民党人和犹太人。就连社会民主党主席弗里德里希·艾伯特欢迎归来的部队时都喊了"战场不败"的口号。

施密特：您是从历史心态，从德国人喜欢不承认真相，来解释的。德国人四年里都相信要胜利，然而到了1918年夏末，突然在几周内全线崩溃了。难道这时的震惊不是更让他们不服输吗？

斯特恩：本来从1917年起，能不能赢得这场战争就相当没谱了，但是指导战争的方式方法、军事上的失误以及有关战争目的的政治行动，所有这些，1918年末1919年初都该有个交代。

施密特："胜利的和平"这个词最早是什么时候提出来的？是1916年吗？

斯特恩：是1917年夏天针对社民党、中央党和进步党提出的"谅解的和平"而提出的一个口号。一年后，鲁登道夫丧失理智，要求立即停火；谈判自然不能由军方，而是由政府代表出面。因此，在民众心里，失败只跟国会有关。一下子天塌了。祸害1917年7月酿成贝特曼－霍尔维

[①]"一战"后出现的一种谬论，认为德国战败是因为后方革命的背叛。

希倒台①。他起码还是个明智的右翼政治家，想对战争刹车，为了防止更坏的事情发生，他认为自己应该坚守。在鲁登道夫的压力下，他终被解职。从此，德国成了军事专政国家。糟糕的是，到最后军人们竟能推卸责任，嫁祸政治。

施密特：首先，我同意：这是一个军事专政，最迟从1916年起就是军事专政了。但是其次，早在"一战"之前，政界就已经接受了施里芬计划，就是说，军界事先就决定了战争如何进行。皇上及其政府当然顺应了军界。我先前指出的德国内部各种权力中心之间没有制衡机制，在这里应验了。

斯特恩：根子在1871年宪法。

施密特：根子在实际的权力关系里，在于军方的特权地位。

斯特恩：俾斯麦说过军人半仙们，那时他已经认识到军方的特权地位。他知道他所做的就是把帝国建立在军事胜利基础上。

施密特：假如俾斯麦多活30年，经历了1914，许多事情会不一样。

斯特恩：那他就99岁了！

施密特：这个人高瞻远瞩，有判断力——贝特曼-霍尔维希们，不管他们姓什么，没有这个，也没有治国经验。他们有的是一个有智慧、有极度的渴求、又严重缺乏自律的皇帝，皇帝内心早已把自己完全交给了军队。

---

① 特奥巴尔德·封·贝特曼-霍尔维希（1856—1921），1909—1917年任德国宰相，无党派人士，战时主张"谅解的和平"，1917年3月被兴登堡逼退。

斯特恩：我们来看看著名的八一之夜，皇上在最后一刻反对攻打法国，要将全部军队孤注一掷去打俄国。莫尔特克①急得不知所措，他试图让皇上明白，一支百万大军一旦决定了行动方向，就不能轻易让它朝另一个方向走。先前已经作出了另外的决定。莫尔特克神经要崩溃了。战后他写道，他当时完全惊呆了，德国最高领导人是一个什么都不懂的人。

施密特：这个我还真不知道，但是我同意，他确实不知道他在干什么。

斯特恩：一个可怕的另类，不仅对于德国，而且对于整个欧洲都是个异数。

施密特：一个王八蛋！

斯特恩：还是一个大大的反犹主义者。1918年11月2日或是3日，当格略纳②等人要求他逊位时，他说："我不会因为几百个犹太人和千八百工人就离开皇位。"他就是这样看事的。

施密特：牛皮大王！

斯特恩：而且远离现实。战争进程中，他兴趣索然，不许人报忧，一听坏消息就神经崩溃。他是由恐惧、狂妄和放纵组成的某种德国混合物——的确是一种可怕的组合。

施密特：别忘了，还是个人格懦夫。他本人从来没听过枪响。小声说一句：他让我想到北约那些胸前挂满勋章，也从来没听见过枪响的北约将军们。您刚才指出，德法战争是

---

① 赫尔穆特·约翰内斯·路德维希·封·莫尔特克（1848—1916），前普鲁士大将，1906年至1914年9月14日任德意志帝国总参谋长。

② 威廉·格略纳（1867—1939），无党派人士，"一战"接近尾声时接替鲁登道夫任德军总司令，领导从西线撤军和遣返，在1918年11月革命中，支持社民党艾伯特，以防止德国走上苏联道路。

帝国建立的前提。1928 年，我 9 岁，上小学三年级，全校组织了一场色当庆祝会。1928 年，庆祝 1870 年色当战役胜利！幕后组织者不是德国人民党，而是我们学校的全体老师，是老师们组织了色当战役庆祝会。现在回到我刚才说的：德国没人想过国家内部权力的制衡，我认为这是关键。因此，民族主义自然就能一直渗透到汉堡霍恩费尔德区的小学校里。

斯特恩： 军队有其独特的地位。国中之国……

施密特： 不过，军队作为国中之国的理念并非德国特产，只是在德国影响极坏。即使 1918 年以后，对军队的崇敬依然非常强烈。穿军装的人，被视为超越党派和超政治权力的化身。

斯特恩： 您这关于德国人热爱军装的想法是从哪来的？

施密特： 不仅德国这样，您在全世界都能找到。看看军装吧！将军们身上总有哪飘红，肩上扛金，帽子顶红，裤子挂红道道。军人这种火鸡般的装束广为传播，一直到扎伊尔和刚果。您瞧瞧北朝鲜的军装！

斯特恩： 或者卡扎菲先生的行头！

施密特： 卡扎菲简直就是一幅威廉二世漫画。弗里茨，说真的，最近 200 年内所有的专制政权中，至少有一半是军人专政。这不一定跟军人特别贪权有关，这跟全世界军人在民众中有很高的权威有关。整个南美都是这样……

斯特恩： 现在可能正在起变化。我认为，部分拉美国家正准备非军事化。不过，我想再强调一遍，鲁登道夫的军事专政是由政治力量支撑的，比如祖国党、泛德意志……

施密特： 德国人 1916 年可能根本不知道，他们实际上被军人统治着。他们不知道，其实鲁登道夫将军是真正的统治者

——也是一个王八蛋。

斯特恩：是的，而且影响极大。我还记得，我小时候有一本玛蒂尔德·鲁登道夫①的红皮小册子。可惜在流亡中丢了。她在书中说，席勒是被歌德谋杀的。这是玛蒂尔德·鲁登道夫的阴谋论之一。她的论证是：歌德是共济会成员，共济会受犹太人影响，当席勒转向德意志民族时，等等。不能低估这种种族主义的无稽之谈。右翼极端主义在1870年战争之后活跃起来，到了威廉时代开出第一朵花，接着是1914年以前的好战宣传，最高司令部穷兵黩武及其政治后果，成立很快发展到150万党员的祖国党，最后是掩盖真相——这其实转嫁给魏玛的抵押。每个对手都是潜在的卖国贼。不能低估这种作风。

施密特：魏玛共和国受到左右两种极端的破坏。不过，弗里茨，我们要注意，我们的谈话不能集中在把20世纪初的德国历史描绘成失败与犯罪的巨幅油画上面。比如我们到现在还根本没碰这个事实，即最重要的联邦州普鲁士，在整个魏玛时代被两个社民党人治理，很正派，很有业绩。

斯特恩：统治普鲁士的不只是社民党，而是社民党、中央党和德国民主党联合执政。

施密特：中间是两位胜任的社民党人，州长奥托·布朗和内政部长卡尔·塞沃林。1932年7月，他们被巴本②强行罢

---

① 玛蒂尔德·鲁登道夫（1877—1966），鲁登道夫将军的第二任妻子，德国医生、作家，种族运动的主要代表人物，反犹主义者。

② 弗兰茨·封·巴本（1879—1969），1932年6月至12月间"帕彭内阁"的总理，1933—1934年在希特勒内阁任副总理。

了官。

斯特恩：魏玛共和国的失败绝不是不可避免的，普鲁士就是例证。从战争失败造成的混乱里拯救一个破产的国家，一个陷入困境的国家，一个政治上中毒的国家，是极其艰难之举。但是，想想取得的重大成就，不仅仅在普鲁士，而且是在几乎没有任何外援的情况下……

施密特：而且同时也在精神、知识、艺术生活里，在剧场，在音乐领域，都取得了令人难以置信的成就，科学领域也取得了令人难以置信的成就！

斯特恩：完全正确。我还想再补充一点。我在这里相当清楚地表明了我对右派的看法——敌人在右翼。但我必须毫不犹豫地承认，左翼，包括库尔特·图霍尔斯基[①]那样的极左知识分子，也没给共和国帮上什么忙。魏玛处于来自两个方面的极端压力之下。但我再说一遍，失败的结局并非不可避免，那时有人建议妥协，结局可以完全不同。我再回到托马斯·曼，他1930年加入了社民党，在演讲里号召资产阶级投社民党的票。

施密特：他的声音特别响亮吗？

斯特恩：亮嗓门不是他的特长，但是非常明确，给人印象极深。

施密特：写腓特烈大帝的书是哪年出的？

斯特恩：1915。

施密特：在那本书里，他可是完全站在战争立场上。

斯特恩：托马斯·曼想指出，18世纪的普鲁士也像1914年的德国一样，被敌人包围，德国人两次都是保家卫国。这是一

---

① 库尔特·图霍尔斯基（1890—1935），魏玛共和国时期著名记者、作家，和平主义者。

个热衷战争的人写的宣传品，不应过高评价。1922年，他作了自我批评。这恰恰是德国资产阶级失去的东西。

施密特：什么时候？

斯特恩：1922年，在柏林的一次重要演讲，题目是《关于德意志共和国》。如果我可以这样说的话，就是因为他自己曾经掉进德意志的噪音里，深深理解甚至同情非理性和政治蒙昧主义，所以很快认识到，右翼极端主义及其反魏玛作用何等危险。我本来只想指出，托马斯·曼……

施密特：我们不要为托马斯·曼争论了，我对此了解得太少。但我再提一遍关于权威的问题。我认为，在德国传统上，不算皇上，只有两种权威，即军方和教授。顺便说明一下，是两种彼此互不买账的权威。

斯特恩：但两者都是民族主义的！许多学者学到了军事理想。今天读教授们1914年8月出自内心的沙文主义号召，还会找不着北。

施密特：沙文主义是一个恰到好处的表达。

斯特恩：而且非常反民主。

施密特：弗里茨，我们说德国教授们。马克斯·韦伯显然也不是民主主义者。最近我认识了一个人——在哪儿来着？记得好像是在蒂宾根，也许是马堡，我在两个大学里的一个作了场报告，其中也提到了马克斯·韦伯，后来过来一位教授，是一位老先生，对我说："施密特先生，我是韦伯专家，我得跟您说，天假以年，他可能会成为完全不同于民主主义者的什么人。"这话让我印象至深，我记住了。

斯特恩：另一方面，他在无情批判帝国时拔高了议会的作用：议会是政治学校。他当真认为，德国没有一个名副其实的议会。

施密特：弗兰茨，我们今天晚上一块去吃饭。要是饭前还想在酒吧喝上一口，就该慢慢打住了。

斯特恩：您确定我们完成任务了？近200年的德国历史——就其宏大和时不时的不人道来说——是独一无二的。可悲的是这种组合……

施密特：如果让我写史：同中国相比，德国并非独一无二，没一方面独一无二。

斯特恩：是的，这一点我确信。我在这里说的是欧洲，或者最好说是西方。我的问题跟我今天早上提出的第一个问题是同一个问题，原则上总是这一个问题，但这是一个您也一再提出的问题：从中能学到什么？如何向下一代青年人介绍这个教训？各位听着：那时并非全错，也有不少了不起的事情，各位想想艺术，想想哲学，想想技术和医学——然后就站在这种恐怖的另一边了。

施密特：弗里茨，我们得去酒吧了！

第二天上午

全集——杰拉尔德·福特——美国副总统的作用——洛克菲勒兄弟——新媒体——阿登纳、科尔与电视——互联网：风险与机遇——媒体的权力——**为奥巴马竞选**——政党财源——艾森豪威尔——美国宪法——对比：宪法——自由民主党——经济自由主义——为什么我们需要国际规则？——说财富——新旧价值观——政治与道德——各种传统——教育——移民命运——联邦共和国初期斯特恩：昨天晚上我们去吃饭从这往前走时，看见书架上的伦多夫版《阿登纳文集》，旁边是《维利·勃兰特文集》。那时我就想问，您计划什么时候出自己的文集。

施密特：说实在的，该不该办这事，我认为不仅仅是个问题了。这所房子和我的书及我的文库，现在都归了一个基金会，基金会会长认为，他必须给我出全集。我对任何自大狂都深表怀疑。其次我也深表怀疑，哪个人用得着这么个全集。

斯特恩：我的看法跟您不同！比方说历史学家，就用得着这样的文集，这根本不成问题，而且他们会用很长时间。我不认为某几位联邦总理出文集就是荒谬，甚至可以说国家有兴趣，把某些过程记录下来！

施密特：我们来看阿登纳和勃兰特，两位都是重要人物。他们生前同意身后一支学术队伍坐下来，把他们剔除的片断重新打捞上来吗？

斯特恩：在美国，每个总统都把他们文章保存起来，至少从富兰克林·罗斯福起就是这样。由此产生了为历史学家服务的总统文库。这个要花费巨资，通常是由"友人"或施主赞助，许多是公开出版的。

施密特：真的有理查德·尼克松全集？

斯特恩：没有，只有对他的负面回忆的汇编。

施密特：是啊，他确实声名狼藉。我在美国有时被问道：您或者你跟很多美国总统打过交道，谁是最好的？我总是回答：也许您会感到奇怪，不过对于我来说，杰拉尔德·福特是最好相处最靠得住的。

斯特恩：我一点也不感到奇怪。他是一个靠得住的人。

施密特：是的，他的话信得过。

斯特恩：而且是典型的美国作风。

施密特：我正想说：此外，还是一个真正的美国人！爱国并相信进步。

斯特恩：而且正直……

施密特：绝对正直。

斯特恩：在美国他却早被忘却了，反正不像他的两位前任——尼克松和约翰逊那样被人们记着。

施密特：您的根据是？

斯特恩：第一，他在任期不长，如果我没记错，只有两年半。第二，他没竞选，而是作为副总统直接上任的。第三，后来竞选，明显败给了卡特。不过，"水门事件"之后，他其实没有机会。总之，他是代尼克松受过。

施密特：杰里·福特接替尼克松的时候，我还不认识他，或者只知道表面。他最初的活动之一是宽恕尼克松。我听到这个，就对聚在我办公室的人说：哇，此人真勇！那时我相信，他的决定是对的，今天我确信无疑。

斯特恩：在当时的状况下，绝对正确。尼克松已经放弃了，从而承认了错误。这就了了，用不着再罚了，总不能把前总统关进大狱。

施密特：对于福特，这是一个很艰难的局面。斯皮罗·阿格纽辞职后，他成为副总统，后来又突然成了总统，必须由他来任命一位副总统，一个难以置信的故事。

斯特恩：他找来一个好人，纳尔逊·洛克菲勒。

施密特：是的，可是他也犯了一个错误，在他前面和在他后面的几乎所有的美国总统也都犯了同样的错误：没有发挥副总统的能力，没派上用场。纳尔逊·洛克菲勒从未进入圈内，一直被关在外面。我50年代就认识他了，所以跟他比跟杰拉尔德·福特熟。有一回我问纳尔逊：你当副总统都干什么啊？他说："负责地震和葬礼。"是啊，他干这个绰绰有余，在一些礼节性的场合出现。

斯特恩：那时候这是副总统的职能。关于副总统的角色，我曾表过态。那是在里根遇刺之后；黑格将军赶上了不定时期，说：现在我是主要人物。他连副总统都不是，只是规定的继承人里的第2号，他是国务秘书。另外，宪法里没规定总统还活着时怎么办。到了切尼，这个位置才被重新评估，这已经是25年以后了。小布什时代的激进改动之一。

施密特：您对此作何解释？

斯特恩：切尼野心很大，我觉得，一直看不透。他坚持要为自己再盖一座白宫，他周围聚集了许多力量，比以前任何一位副总统的都多。

施密特：切尼一直在旧行政办公楼里吗？

斯特恩：我想是的。当然，他在白宫里也有一间办公室，但是他的"宫廷"在旧行政办公楼里。他不仅有一个庞大的班子，而且有很大的权力，往往是非常恼人的权力。

施密特：纳尔逊·洛克菲勒是一位极有教养的人，不仅是政治家和州长，而且非常有艺术修养。我第一次在纽约见到他是在50年代或60年代初，总之是在他当副总统之前。我有点时间，我们聊起雕塑来，我问纳尔逊·洛克菲勒，什么时候能搭他的车出去看看。然后我们就开车沿着哈德逊河上行去他在纽约州的农场，农场在波坎蒂克山上，这是一个印第安名字。那是一片很大的英式园林。天穹之下矗立着各种各样的雕塑。他挽着我的胳膊，领我穿行园林。真是个好人儿。

斯特恩：我是1967年或1968年认识他的，正值他有望成为总统时。他跟尼克松竞选。他发表了八卷本的《美国的关键性选择》。我的任务是审阅不同的英美学者和记者编纂西欧卷的工作。我得对该卷作出评论，我的评价极高。

施密特：您认识他弟弟吗？

斯特恩：认识，但不熟。

施密特：90年代，我跟大卫·洛克菲勒共同在一个非常奇怪的委员会里。这个日本艺术协会有一个光辉理念，为了改善日本的国际形象，每年捐赠一个皇家奖，即高松宫殿下纪念世界文化奖。但他们不是给一个奖，而是同时颁发五个奖项：一项绘画奖，一项音乐奖，一项建筑奖，一项雕塑奖，第五项我忘了。为此，他们成立了一个国际咨询委员会，大卫·洛克菲勒在里面，还有雅克·希拉克，那时他还不是总统。在那里面，举止绝对要温文尔雅！我还是在里面呆了好几年，为的是能利用这唯一的机会，在获奖人里面见到我还不曾谋面的世界名人。获奖人名单从理查德·迈尔、贝聿铭开始，直到拉维·尚卡尔。几年以后，大卫·洛克菲勒不来了，派儿子替他，我也退出了；理查德·封·魏茨泽克接任德国委员。

斯特恩：对于我来说，这个姓氏首先与洛克菲勒文献中心连在一起。这不仅是家族的个人档案馆，而且也是洛克菲勒基金会的档案馆，可上溯到"一战"以前的时期。特别有意思的是两次世界大战之间的几卷。我对那段时间写了不少，总是很过瘾。另外，在波坎蒂克山里有保罗·埃尔利希的文献，这位德国化学家差点拿到两次诺贝尔化学奖，由于早逝，与第二次获奖擦肩而过。我不知道，为什么他的私人书信收在洛克菲勒文献中心里，但我却为此去了那里。非常有意思的读物。

施密特：我觉得，有意思的私人书信时代一去不复返了。

斯特恩：这也是我所担忧的。对于历史学家，这是非常不妙的。将来他们很难重新建构各种联系。今天，几乎所有的通讯都是电子的，短信或者邮件，这些迟早都会被删除。邮戳、收件章、周转章、签押，所有这些在文献里见到的，不会再有了。记事本但愿能存留下来。

施密特：不只是因为今天没人写信了，而是没人读了。唉，想想150年前写的长信吧！

斯特恩：另外，新的通讯手段也改变了政治风格。全都不停地守着手机；不打电话就写短信看短信。一切都短了，简了，根本没了写备忘的时间。

施密特：通过电子媒介改变社会，我觉得是个有意思的题目。

斯特恩：当然。

施密特：从广播开始，接着是电视。电视让卡里斯马式的天才演说家成为大众宠儿。现在我们有了互联网和互动媒体，谁知道2035年还会发明出什么来！每次都会在另一个领域出现转机。我们讨论过阿登纳。如果阿登纳在电视时代成为总理，假定是在80年代，他那木讷的作派和平均水平之下的遣词造句功夫很可能造成没人听。

斯特恩：对此，玛丽欧①讲过一个美妙的故事。两个基民盟的人说阿登纳的语汇太少。其中一位说："其实他总共只使用200个单词。"另一位说："是的，要是再多点，他就聪明到不用这些词啦。"

施密特：科尔也不是电视发明出来的人物。80年代末的民意认为他已经到头了，因为他对电视观众毫无影响。这时战后两个德国统一的鸿运来了，他为此贡献了他那一份，利用了机会。通过这一事件，他突然成了伟大人物。

斯特恩：50年代，我在纽约认识了他，那时他还是莱法州议员。我的第一印象是：非常闭塞的小地方人。

施密特：是的，他就是那样。不过，80年代在联邦政府的工作，特别是1989年统一以后，他的眼界大大开阔了。您50年代感受到的那种小家子气，他在90年代早就甩掉了。不过初任总理时，还是让人相当明显地感觉得到。那时我喜欢拿他开涮。

斯特恩：但不是公开地。

施密特：不是公开地。

斯特恩：我想再说说电子媒介。这些日子经常看到，说如果没有互联网，伊朗的反对派可能不会引起这样世界性的媒体关注。检查制度好像不那么容易控制这样的媒体。虽然可以从大街上抓反对派，封锁外国记者，可是互联网一开通，就通了。因此，中国人非常小心，保留关闭互联网的权力②。

施密特：伊朗人显然没这种可能……

---

① 玛丽欧·顿霍夫女伯爵（1909—2002），《时代周报》前主编。

② 中国从来没有关闭的意思。——编辑注

斯特恩：我对这一切是一窍不通，或者知之甚少，但是我能想象，有一天基地组织或者别的什么人用非常缺德的病毒袭击我们的电脑，设想，这些病毒把空运袭瘫了，让我们陷入真正的混乱。

施密特：这个肯定有一天会发生。

斯特恩：就是，这个会发生……

施密特：而且不仅仅是基地组织来干，不仅仅冲着美国空运，而是同时针对整个西方情报机构。

斯特恩：就是这样。美国有个十五六岁的黑客，把侵入大型机构的封闭系统当体育锻炼。这样的事经常出现，连五角大楼的某些部门都遭遇了袭击。我曾经请教过中央情报局的人。显然已经有了至今尚未被侵入的系统。但总有一天会出事！奥巴马宣布要成立一个网络安全局，不是无缘无故的。

施密特：如果我理解对了，只有卫星正常运转，系统才能正常运转。卫星可以关闭，关闭一个卫星比击落一架飞机要容易得多。一个地球同步卫星，从地球上观察，老是在同一点上，用装有导引头的火箭很容易击中。

斯特恩：奥巴马接任明显等了一段时间，直到安全人员为总统建立起一个他们认为足够安全的通讯系统。可以说，奥巴马是用短信治国。需要指出积极方面：新的可能性唤醒新的力量，靠新的力量能塑造新的事物。比如我就定期收到奥巴马的来信："亲爱的弗里茨"。我想，1000万美国人也会收到……

施密特：您经常收到这样的总统来信吗？

斯特恩：差不多每周两次，间歇不规则，但经常有，而且经常收到："请您支持我！"整个社区坐在一起辩论的民主基本思想，通过电子媒体只是改变形式，没有改变内核。

施密特：这个我不敢肯定。也许我们今天经历的变革真地只是加快速度问题；一切都变得短多了，快极了。但民主靠交流意见存在，因此需要公共空间。您回到2500年前即公元前400年伯里克利的雅典民主，就看见有人在聚会上对着民众演讲，接着有人反驳，又有人发言，最后当天表决。这是直接民主。为了稳定民众的情绪，罗马人后来变了点小花样；他们称之为面包加杂耍，民众于是皆大欢喜。民众需要解闷，今天为民众解闷的是图片报，靠这种方法压住了对重要进程的兴趣。

斯特恩：民主文化的衰退早在电子媒体使用之前很久就开始了。

施密特：从前尽管有小报干扰，人们起码还能集中精力于议会辩论。今天的议会辩论，电视机前没人看，连当事人自己也不把它当回事。如果您今天看凤凰台转播的联邦议会辩论，600多议员里最多也就20来人坐那儿。

斯特恩：说到媒体的权力，我想起麦卡锡听证会的著名例子来。电视转播了几次听证，那一刻，全国的情绪转向反对他。那是在军方听证会上，当麦卡锡攻击韦尔奇律师的一位工作人员时，韦尔奇当即抓住机会，直逼已经疲惫不堪的麦卡锡，说："Have you left no sense of decency, Sir？"

施密特：这句话我没听懂。

斯特恩："先生，您根本不知道礼义廉耻吗？"全国人看着，这也许是扳倒麦卡锡的背后一刀。除此之外，他喝得也太多。

施密特：可是今天你们那里又冒出了个大嗓门，天天通过广播冲着几百万听众叫喊，这可怕的……

斯特恩：是啊，可怕！我提到麦卡锡这个例子，仅仅为了提示，电视有时候也有好的一面。

施密特：那个煽动民众反对奥巴马的政治艺人叫什么来着？

斯特恩：拉什·林堡，还有许多别的。他们把要说的话这样表达出来，让每个人都明白说的是什么，但又不能指证他们触犯了法律。他们反对黑人，反对有影响的社会阶层，反对同性恋者，反对边缘群体，但总是藏着掖着，从来不明说。而且往往直奔脐下三寸的。

施密特：这是全国播放的？

斯特恩：绝对是。

施密特：这其实证实了我说的，可以归结到这样一个标题下面：现代大众传媒的发展导致信息与教育的肤浅化。因为娱乐和轰动事件日益重要，肤浅日益蔓延，所以某些领导人物要想打动观众，就得配合。他们不需要多少论据，却很需要卡里斯马能力。像俾斯麦那样话说不好而且嗓门又高的人，像阿登纳那样木讷的人，在当今世界就无出头之日了。不过施泰因迈尔①和默克尔也没得到如潮的掌声。弗兰茨·约瑟夫·施特劳斯②要是在世，还会当政。奥巴马当选，因为他有一种难以置信的卡里斯马能力。

斯特恩：我得稍加批评，"卡里斯马"这个词使用过度了，说实话，闹钟要响了！

施密特：您说得对，弗里茨。这个词我不会再用了，也许该说魅力。

---

① 弗兰克-瓦尔特·施泰因迈尔，社民党议会党团主席，施罗德内阁外长。

② 弗兰茨·约瑟夫·施特劳斯（1915—1988），基社盟政治家，从1961年到逝世任该党主席，曾任联邦政府特别事务部长、核问题部长、国防部长、财政部长，1978年到逝世前连续担任巴伐利亚州长。

斯特恩：就是嘛，魅力中听多了。在美国，"卡里斯马"这个词已经用滥了。在我们那里，甚至有卡里斯马床上用品。

施密特：德国也是，我们这里什么都卡里斯马，连赫尔穆特·科尔都是卡里斯马。

斯特恩：为什么只许床上用品！

施密特：为什么只许床上用品！为什么不许内衣内裤？

斯特恩：我只想表达得体，另外我确实看到过卡里斯马床上用品！不过，说真的，赫尔穆特，魅力不应该只跟电视联系起来，不仅电视画面有魅力。我记得战争爆发前一天被谋杀的伟大的法国社会主义者让·饶勒斯，没有电视他也有魅力。他是一个天才的演说家。不能低估演说的公共效应。或者您想象罗斯福的广播讲话，他的炉边谈话有巨大的效应。罗斯福有一种特殊的口语能力。

施密特：其实我们要问的不仅仅是电子媒体和小报扮演的角色，我们还须看到，政党在其科层管理的顶级独立了，是借助金钱独立的。这关涉到大选的赢家，是基民盟、基社盟，还是自民党或者社民党或者左党——各党全都想赢，各党中央都有税款资助的大型机构。每月每年报销竞选费用。竞选费用由党中央按得票数报销。我们这儿联邦大选后，有20多个政党来找国家报销，要回它们竞选时花的钱。这样的发展结果是，今天选举由公关办公室和广告公司负责。从前是热情澎湃的年轻人扛着成捆的小册子，挨门挨户按铃，跟要小册子的人说几句话，他们张贴海报也是满怀激情。如今这些都是公司的活了，公司是收费的，钱来自国库。美国也如此，趋势越演越烈。

斯特恩：我正想插嘴呢，有区别。依我看，美国的情况更有过之。钱在我们那里所起的作用可是大多了，私人的钱，募捐来的钱……

施密特：在美国一直以私人的钱为主，但也开始有国家赞助了。

斯特恩：私人的钱里大部分来自企业、银行、工业。我想说的是，我自己虽然没张贴过广告，但是在党的办公室里一坐就是几个钟头，拿着电话机，照着单子一个一个给我不认识的人打电话，为奥巴马拉选票。美国一次大选花的钱，与欧洲相比，是无法想象的。

施密特：两党支付的大宗选举费用，显然都流进了电子媒体。

斯特恩：大部分是这样。许多人自愿报名做从前那种张贴广告的事，我觉得这是奥巴马新力量的标志。有张贴广告的，有像我这样打电话的……

施密特：怎么进行？您有一个20人的名单，一个字母开头的？

斯特恩：正是，通常有职业、年龄或类似的信息，我就打电话。"我可以和某某通话吗？"——"我就是。"——接着我自报姓名，问对方是否愿意简短地跟我就大选交谈，因为我觉得这次大选十分重要。"我认为奥巴马希望极大，您也这样看吗？"有时我居然做到了请某人在选举日提供汽车服务或类似的服务。也有对方挂断电话的时候："我不想管奥巴马毛事。"但总体上是成功的，我非常投入——很有意思的让人满意的工作。我做过两次，奥巴马对克林顿的预选和总统选举。预选时我跟哈佛前校长坐在一起，我们在宾州打电话，这个州非常重要。我们报了家门，可能我说过是历史学家，但原则上全都不暴露。

施密特：是拉里·萨默斯吗？

斯特恩：不是，没要他——应该的，总之是因为他在哈佛的种种活动。

施密特：这人不会与人交往。刚才您说的,我觉得是原始民主:人和人之间就眼前的政治决定交谈,需要的时候,打电话。尽管这样,钱,电话里不言钱,不言对选举结果至关重要的钱。

斯特恩：没错,我不用募捐,可是事实是,我坐在一间办公室里,一家律师事务所的办公室让给党使用,但是我们不停地使用人家的电话,这个要花钱。

施密特：不管在美国还是德国还是任何有西方民主的国度,政党靠这种方式资助,都不是我的理想。我的理想是:一、政党不从国家拿一分钱;二、股份公司、法人、企业不得投票,因此也不得给政党钱;三、党花党费。

斯特恩：最后一条走得太远了。您想想,党员人数所占的比例之少……

施密特：也许还会提高。

斯特恩：也许。但我不知道,如果禁止捐款,是否符合美国宪法。禁止企业捐款,完全正确,但个人呢?

施密特：法人也得禁止。

斯特恩：这样做会大大减少滥用职权和人员受贿,单为这个,也该禁止。在美国,公司的地位犹如个人。没有选举权的公司是否可以像个人那样用它们的钱赞助选举,这个问题现在正交最高法院处理。

施密特：只要政治领导人要钱,我就不看好。您看看柏林的阿登纳大楼①、勃兰特大楼②,钱往那儿流。它们还有电话机、电话线,能进入电子媒体。这使党中央能决定,在莱法

---

① 德国基民盟总部所在地。
② 德国社民党总部所在地。

州还是石荷州推出这个男的还是那个女的。那些所谓的政治基金会在柏林也有很大的影响。其实它们从来没有捐赠过，建立它们的目的是为了聪明地暂住政党并为此从国库掏钱。一方面，它们做学术方向的工作，另一方面，它们是培养继承人的党校。而这要由国家赞助。

斯特恩：美国也是大同小异。美国企业研究所，还有形形色色别的研究所，大多数是右翼的，靠支持它们的公司"捐款"生存。我的第一次也是最后一次政治经验也跟选举钱有关。那是1952年，我在康奈尔教书我得完成博士后，孩子们还小，我得教很多课。斯蒂文森和艾森豪威尔竞选，尼克松被提名为艾森豪威尔的副总统候选人。秋天，尼克松作了著名的演讲，跳棋演讲，一次令人作呕的哭鼻子——英雄式的民粹主义演讲。我对自己说，现在什么都不要做了，去为斯蒂文森募捐。我现在不想全讲。我认为艾森豪威尔—尼克松团队非常糟糕，因此动员人们跟我一起在大学里面成立一个委员会，去募捐。我的确在系里募到了一千多美金，这在那时不是个小数。有一天，当地民主党分部打电话来，要提取40%捐款用于当地选举。可是当地那位候选人毫无希望；根本不可能把连续多年占据议会席位的保守党人淘汰出去。另外，钱是我为斯蒂文森募来的，于是我说：我一分钱都不给你们，我把钱直接交给立昂·亨德森。他那时是华盛顿民主党领导人之一，我跟他有联系。当地党部非常恼火，跟我大吵一场，我的直接政治活动就此告终。

施密特：这表明，您那时就看透了尼克松。但愿对艾森豪威尔的判断不是太负面。

斯特恩：不是，不过有两个原因让我很担心他的总统竞选。第一，如前所说，因为他的副总统；第二，他对我极为尊敬的乔治·马歇尔的处理。

施密特：这个我在德国没听说过。

斯特恩：在竞选时，艾森豪威尔邀请麦卡锡和他一起坐火车穿过威斯康星。麦卡锡率先对马歇尔发难，把这位爱国者说成可疑之人，其实马歇尔是一位伟人。

施密特：这无疑是一件相当不愉快的事。在我眼里，艾森豪威尔总统的工作，从国外来看，中规中矩。

斯特恩：这个我完全同意，我想特别提出两点。在最后一次演说，亦即著名的告别演说里，他谈到"军队与工业复合"，对此他了如指掌；也谈到了只有不多的美国人看到的，他却同样了如指掌的"军队与工业复合"造成的危险：军队与工业互相拔高，互相照顾，以及金钱在这里所起的巨大作用。所有这些他都在告别演说里谈到了，并发出了警告。而这偏偏出自他的嘴里，出自一个军人之口。

施密特：是啊，我也把这视为光辉业绩。那时，青年施密特在遥远的德国已经看到这光辉的业绩了。您刚才说到的美国竞选，引出我一个问题，本来昨天就想问来着：美国宪法里对这些是怎么规定的？

斯特恩：这让我一下子想起一件轶事来，普林斯顿有位著名的数学家，叫库尔特·哥德尔，是爱因斯坦的好友。哥德尔想成为美国公民，就问爱因斯坦，我该怎么准备呢？爱因斯坦说："最重要的是，你得知道美国宪法是怎么回事，因为每个关于入籍的问题都来自美国宪法。"哥德尔找来一本美国宪法，认真阅读了一番，又来找爱因斯坦，说："您瞧，我研究了几个礼拜，得出了结论，宪法也能导致总统独裁。很可能入不了籍了。"爱因斯坦对他说:"千万千万,您对法官千万不能这么说!"因为是爱因斯坦陪着来的,法官私下接待,问:"您来自哪里?"——"我来自从前叫奥地利的那个国家。"——"那里是怎么统治的?"——"那里起先是民主统治,后来成了独裁。"——法官说:"这在我们国家不会出现。"——哥德尔说:"不,不,会出现的,我仔细阅读了宪法!按照宪法,美国确实有可能变成独裁。"尽管这样,他还是入了籍。——现在正经回答您的问题:存在着行政部门扩张的危险。我们又回到了钱尼。要么您想想阿瑟·施莱辛格的《帝国总统》。行政部门扩张的危险一直存在,也被利用……

施密特:通过小布什政府成了公开的……

斯特恩:"9.11"事件马上被利用来强化行政部门。

施密特:我提那个问题的本意是想知道,美国宪法是否也像我们这里经常修改?

斯特恩:非也,非常之少,为了使这类修改服从意愿形成的漫长的理性过程,宪法本身作出了严格规定。总之,美国宪法绝少修改,可能对宪法的解释有争议,则修改对宪法的解释。

施密特:这就关闭了滥用的大门。我们这儿可是完美癖成灾。

斯特恩:可以认为,大多数美国人对宪法并非如所期待的那样了解宪法,但他们确信:这是为我们的民主奠基的文件,尽量不要碰它。但同时也有一种类似树立伟大表率的意识,华盛顿、杰斐逊那种供人学习的表率,我觉得,州里特别重视树表率。近几年差了些,可能由于教育不足。宪法不仅仅是一份文件,一份被全部承认并经过两个世纪考验的文件——除了国内战争时期南方各州

——，更重要的是，它被民主领导的表率保持着鲜活的生命力。

施密特：我认为，没完没了修补基本法特别不作。另外，不仅联邦议会和联邦参议院，而且宪法法院也可以插手修宪。但是美国宪法与德国基本法的关键性区别在于另外两点。其一是：按照基本法，政府，即行政，由议会产生，议会选举联邦总理。德国是议会民主制，美国不是议会民主制，这是一个重大区别。其二是：根据美国宪法，头号人物，即总统，对他的行政部门所做的一切，也包括错误，负责。最终是他对一切负责，也对一切错误负责。即使他一点都没有忽视，也得担当责任。

斯特恩：因此，美国总统不仅任命各部部长，还要任命副部长和司局长以及国务院和财政部的部分处长。

施密特：对，职业官员在美国的作用比我们这里的高层小多了；巴尔的摩港的海关部门也许不是这样，但国务院和财政部大概是这样。职业官员在美国行政部门没多大作用。德国却不同。

斯特恩：我可以想象，美国模式简化了决策，肯定是加快了决策。另一方面，行政部门，如您所说，不是由议会，而是由人民选出的，因而具有很强的合法地位。制定宪法的人的智慧在于，通过一次次制衡限制行政部门的权力。加一个注：总统虽然任命他的人，但他们必须由参议院批准……

施密特：特别重要的是对法官和最高法院法官的任命。这在全世界所有民主制里都是一根软肋。

斯特恩：所言极是。

施密特：在我们这里也是软肋。人们偏偏不知道，在我们这里，首席大法官实际上是由一个小极了的法官选举委员会鼓捣出来的。在美国，总统有优先权提出建议，但必须经参议院同意。

斯特恩：是的，必须有参议院简单多数同意。

施密特：另外，在宪法现实中有一个不能用美国宪法和德国基本法的区别来解释非常重大的区别，即《选举法》。美国的《选举法》没写在宪法里。众议院多数通过就可以修改。《选举法》说：每个选区得票最多的人当选。德国的《选举法》以及法国、意大利，所有欧洲大陆国家——不包括英国——的《选举法》说：议会席位按照各党在选举中得票的百分比分配。正因为如此，所以几乎各国议会里都不是两个或三个政党，而是五个、六个，有的甚至八个政党。美国和英国的《选举法》实践中导致两党制。欧洲大陆的《选举法》导致多党制。这没写在宪法里，但在宪法现实里有重大意义，因为这迫使组成议会党团。欧洲大陆各国大体如此，只有法国稍逊，这是由于总统高于政府从而也高于议会的地位决定的。

斯特恩：美国的两党制如今已经成为顺理成章的了。但在美国历史上总有第三党现象……

施密特：是的，还有独立候选人……

斯特恩：有时第三党在短时间内起了重要作用，发挥了巨大影响。

施密特：英国19世纪也有两个党，托利党和辉格党，到了19世纪末20世纪初出来一个第三党，即工党。

斯特恩：德国也有第三势力！

施密特：……

斯特恩：我指的是自民党。

施密特：今天德国的自由党仅仅是一个经济党。这要在过去，就叫民族自由，但是今天的自由党人没有多少民族含义，而是更关注经济成就。

斯特恩：经济自由对您来说意味着什么？

施密特：意味着，他们要让经济尽可能自由地发展。今天自民党掌舵的自民党领袖，叫什么来着，韦斯特韦勒，12年前，或是15年前公开说他的党是高收入人的党。这是信念，不能禁止，也不违宪，但是，这既无助于克服眼前的世界经济危机，也无助于克服德国的经济危机。

斯特恩：但是德国多数人愿意维护福利国家。靠"我们继续缩减福利国家"这样的使命毕竟不能赢得选举。就我在美国能关注到的，自民党只是说，得用别的方式赞助福利国家，不能再这么瓜分下去了，而是体制必须从市场出发，自给自足。

施密特：这全是意识形态。很难跟德国经济匹配。自民党失去的，是豪约斯①式的人物，或哈穆-布吕歇尔②式的人物，或者年轻一代沃尔夫冈·多灵式的人物。

斯特恩：还有拉尔夫·达伦多夫③式的人物！您认为德国社会今天缺少自由因素吗？

施密特：我不想说缺少，但自由因素没有被自民党体现出来。您能在基民盟内发现很强大的自由因素，同样能在社民党内发现，在绿党内发现。自由在德国不为一个小党垄断，但50年代和60年代不是这样；这可能是记忆中的一个

---

① 特奥尔多·豪约斯（1884—1963），自民党人，联邦德国第一任总统。

② 希尔德佳德·哈穆-布吕歇尔（1921—），德国前外交国务秘书，1994年代表自民党竞选总统，2002年退党，这之前已有54年党龄。

③ 拉尔夫·达伦多夫（1929—2009），德国自民党人、社会学家，曾任伦敦经济与政治学院院长。

错误影像。

斯特恩：但这种发展可喜可贺。自由因素没集中在一个党上，而是也被别的政党接受了，这是很好的发展。

施密特：我们来看个例子，我为之工作的《时代周报》，从50年代起就是一份自由主义报纸。在那里工作的编辑中，1952年最多有2%的人投自民党的票。最近很多人会选绿党。我的报纸的基本立场与韦斯特韦勒先生毫不相干，跟他的经济自由主义更是八竿子打不着。自由主义因素在德国已经广为传播了。

斯特恩：我再回到经济自由主义这个关键词上来。您相信通过人为定立的规则和人为建立的机构能控制今天资本主义的弊端吗？

施密特：问题是，国家的规则已经不够了。国际间的资本流通，国际间的金融交易，甚至国际间的货币流通——您把这些跟别的领域的流通比较比较，跟国际海运和国际空运比较比较。最古老的国际交通体系是海运。早在19世纪全世界就不言而喻形成了关于灯光的同样规定：左舷是红灯，右舷是绿灯，一个尾灯和一个船灯，有回避规定和强制导航。国际空运也类似，查尔斯·林白①飞越大西洋时，不需要回避规定，他也没有飞行员证书，他的飞机也没经过任何部门安检。他就那么起飞了，而且还抵达了。太棒了！如果您今天飞越大西洋，您得由一个飞行员驾机，飞行员得每年通过体检。人家告诉他，你现在不能起飞，你必须等待半小时，然后又告诉他，允许

---

① 查尔斯·林白（1902—1974），美国飞行员，第一个单人不着陆飞越大西洋的人。

他飞多高，等等。这一切都是严格规定的。可是资本流通里什么规定也没有！在短期货币流通里什么规定也没有！为了危机不再重复，急需各种规定。但是一个德国联邦政府做不到，甚至一个美国政府也做不到，不能不考虑别的国家，不能没有国际合作。

斯特恩：是否会出现这样的规定，我持怀疑态度。人需要转变心态，这与教育有关，与特定的道德教育有关。必须给贪婪设定个界限，必须明白，除了金钱，生活中还有别的价值……

施密特：自然界限与两种跟金钱毫无关系的现象有关，一种是20世纪令人难以置信的技术进步，另一种是人口爆炸。1900年，全世界有16亿人口，今天是70亿；世界人口在一个世纪里增长四倍①。1900年，您在吕内堡荒原远足，运气好的话，一天里能碰上一大群羊，也许能遇上一个割了一车草回去喂马的农民。今天，一条高速公路穿过荒原，高速公路上有交通规则。您需要一本驾照，要是戳着限速60公里的牌子，您不能开120公里。您的车每三年要做一次车检，究竟多久我也不知道。就是说，如果交通越来越密集，因为人越来越多，再加上技术进步，那么您在维尔塞德山遇到的就不再是赶车老农，而是高速公路上一条看不到尾的长蛇阵，你就需要规则了。这是人口增长和技术进步的强制性后果。在国际资本流通和国际货币流通中不需要驾照，没有车检，没有交通规则，没有警察。

斯特恩：我本来想说说心态转变。我想到美国的精英大学，25年

---

① 原文如此。

前或 30 年前，学生们还得做多种职业准备：医学、法学、公共服务，各种可能的专业，这在当时很正常，但没有商务，更不要说金融商务。近年来，很大一部分学生想进入金融界，即使在哈佛也是这样。为什么？只为了赚钱，钱在今天有了独特的价值，社会与道德价值，这是战后没有的价值。人必须调整思维，我指的是完全普遍的心态转变。

施密特：战后钱不是最重要的，最重要的是配给票。

斯特恩：这当然也是钱的一种形式。经济奇迹也是按照一种原则作用的，这就是人们终于又能用他们的钱购买东西了。可是，金钱今天似乎成了唯一的承认方式，真是太可怕了！

施密特：我觉得这太过分了。我必须指出，早在罗马时代，就有了损人利己的过分癖好，克拉苏先生是一个例子。同公路交通里有人喜欢开 220 公里时速一样，不论何时何地都有人相信，界限对他不起作用，因此必须由上级部门监控界限。损人利己的人如果独自生活在地球上，那没问题，他只能损己利己。但如果一个人损了邻居，利了自己，法官就来了，说：你偷了他的东西，第一，把东西还给他，第二，你要进监狱。海盗行为是一个很好的例子，说明损人利己的癖好不是新生事物。我们今天在索马里经历的，几百年前我们也在别的海岸干过，也在北海和波罗的海干过。西方国家今天有理由谴责并阻止非洲之角和索马里的海盗行为。根据同样的理由，它们今天也必须谴责并通过监督部门制止金融经营方面的海盗行为。这种金融经营观点两千年后您还能发现，但只是在个别人身上发现，而不是在大众里。

斯特恩：我的同事西蒙·沙马几年前写过一本关于17世纪荷兰人的财富的书。荷兰人主要是靠调味品贸易致富的。人们论勺儿吃胡椒，认为这是美味佳肴，因为他们觉得这就是最高的享受。可是荷兰商人用他们卖胡椒赚的钱买了至今让我们着迷的艺术。

施密特：比胡椒更糟的是另一个荷兰例子：种植郁金香。

斯特恩：这些陋习虽然局部可怕，但是与今天不能比。价值结构转变了，我认为这是腐败。所以给人们树立别的榜样，让人们看到别的得到承认的机会，就越发刻不容缓了。公共福利的价位，教育的价位，慈善行动的价位，这些在最近几年内完全变了……

施密特：汉堡的赞助人今天比他们一百年前捐的多多了。

斯特恩：这有可能。问题是：青年人有出路吗？有等着他们的任务吗？

施密特：我想警告您的文化悲观论。今天的德国社会，在我看来比1945年好上一千倍。

斯特恩：嗯，不过，1945年的困境可能也促进了道德吧？

施密特：看来我得修改一下，把1945年改成1944年。

斯特恩：对我来说，今天的社会无论如何比1933年好……

施密特：也无论如何比1871年的社会好……

斯特恩：我不过是对"文化悲观主义"这个词作点小小的反抗。我不认为我是一个文化悲观主义者，因为我希望改变事物。一个社会的发展基本是波浪式的，这意味着价值会破产，以后又会重建。我认为，我们应该更多地关注青年，及早教育他们节俭，教育他们从自己的行动中获得某种慰藉，而不是被动地坐在电视机前，或者半被动地坐在电脑前面。

施密特：弗里茨，您的问题有何所指？

斯特恩：最初的问题正是：可以通过治理驯服资本主义吗？我说过，不仅需要规定，还需要心态转变，我没想起更好的词来。

施密特：可是，我认为斯彭格勒的所谓价值败坏太过分了。

斯特恩：我不记得用过这个词。美国经济学家索尔斯坦·凡勃伦和J. K.加尔布雷斯也抨击过贪欲。我们今天看到的极端个人主义之所以能产生，也是因为社会联系越来越少。没有强烈的共同福祉意识了，连家庭都远远失去了作为社会纽带的意义。这导致了孤立化。一旦鼓励的个人不能再在传统的社会群体里社会化，他还怎么学习团结呢？团结是必须学习的。

施密特：必须找到对此的认同。

斯特恩：是啊，认同团结。保守派的人往往模棱两可地恭维您：您是最合适的人选，可惜在错了党。这个您知道。您也曾试图解释，您作为社民党人最看重什么，为什么您愿意做社民党人。我不知道，别人是不是听懂了。观察社民党近50年的变化——现在说我的问题——，还能说两大公民党之间有区别吗？您相信今天一个二十出头的社民党员也是怀抱着您当年的理想主义入党的吗？今天入党，是为了做一番事业。一个人如果不走区域党组织和地方党组织的后门确定自己得票数，就根本不能从政。尽管如此，还是有所不同：加入某一个党并且说：我现在去找社民党人，不去基民盟。今天，什么促使一个青年人决定加入您所在的党？团结一致？

施密特：您真是好心好意，但我还是犹豫，您说我作为理想主义者献身政治是否正确。可以这么说，但我对理想主义这个词稍有疑虑。也有抱着错误原则的理想主义者。对具体问题，我总是努力尽量切合实际地认识它，然后尽量切实可行地解决它。把本国人民的教育作为一种理想或者放进一套价值观里，我认为不是政治的事，更不是政府的事。这是其他社会力量的工作，里面有教育工作者，有哲学家，有牧师神父。伦理不是政治的事，也不应该是政治的事。当然，总有一些政治家把自己装扮得好像是在推行教育原则或普及全民教育。如果他们能有针对性地制定他们的教育政策或者税收政策或者交通政策，同时做到务求公正，那就再好不过了。这已经是很多了。政治领袖，同时又想当文化领袖，我对这种人深表怀疑。

斯特恩：能把道德问题完全驱逐出政治吗？政治为有关社会力量规定行为界限，在这个界限内他们可以创造这样的价值，或者展开讨论。

施密特：政治不规定这个。我不这样认为。

斯特恩：我理解您对"理想主义"这个词，或者说对这个被大肆歌颂的概念的怀疑。理想主义可以变得非常危险，所以我昨天念了尼采的话。恰恰在德国，理想主义往往伴随着拒绝真理，拒绝现实。除此之外，宣扬理想主义简单得要命。美国文学里我最喜欢的作者之一是哲学家威廉·詹姆斯，著名作家亨利·詹姆斯的哥哥。"一战"前几年，他发表了一篇文章：《道德等于战争》。詹姆斯认为，现代战争不可能爆发，由于技术原因，它会造成极多死亡和极大破坏，以致所有负责的人都被吓退了。另一方面，和平主义者不能理解，一场战争也会促进一定的道德：责任感、助人为乐、勇敢。因此，应该为青年人创造条件，在和平时期也能赢得这些美德。肯尼迪建立和平队的时候，就把这些付诸了实践。灵感来自詹姆斯的文章，可能也来自肯尼迪家训。这些从前只与军队和战争有关，如今能唤醒并褒奖这些美德，是一个好主意。战争今天在欧洲是难以想象的事，詹姆斯的文章会得到更多的共鸣。必须给青年人机会，恰恰在日常生活中展示勇敢、关心他人、助人为乐等美德。还要切记传统之重要。对此，我曾经跟一个意大利人讨论过很长时间。他抱怨，他的同胞对过去知之甚少。他总是说：我们缺的是祖母！从前的意大利社会，有定期聚餐，吃饭时祖母讲述，她是怎么长大的，她是怎样受教育的。这位意大利人认为，这显然对孙辈有影响。

施密特：您的意大利人有理。传统的原则不能轻易放弃。我认为传统是社会稳定和国家稳定的重要因素。纳粹时代和两次世界大战的大悲剧在于，到最后德国所有的国家传承丧失殆尽。1945年，所剩无几，这无几仅存于艺术、音乐、文学、绘画和戏剧，还有一点点在精神科学和自然科学里，但社会的和国家的传统中断了。1945年，我们一无所有，几位老先生，其中一位是豪约斯，另一位是阿登纳，第三个是舒马赫，还有几位，给我们带来了一点旧传统。他们给了我们一种感觉，什么是好，什么是坏。与战后年代的情况相比，我必须说，今天的德国社会要比那时好，明显好多了。我认为没有道理悲观主义。

斯特恩：没有道理悲观，但是我想说，再多一点豪约斯，不会添乱。恰恰相反，不抛弃某些传统，有利于改善当今社会，而且不只在德国，利在四海。

施密特：不过豪约斯体现的国家传统不多，更多的是文化传统……

斯特恩：这我就理解您了。我们说的不仅仅是国家传统，而且有对文学、艺术和广义的教育传统的承认。豪约斯这样的人令人信服的是，政治与教育特别吻合地镶嵌在谦虚伟大的人格里——在德国并不总是这样。因此，他并不是德国市民阶级的某一个阶层的代表，而是所有人的联邦总统。在60年里，联邦共和国政治独立了。政治家今天多少都知道自己是干什么的了。大多数人对一个政治家的期待最终不过是，他了解他负责的事务，能作出决定。如果我理解正确的话，这就是您经常强调的实用主义。因此，您反对科尔先生说的，领导也意味着精神的和道德的领导。我想说的是，豪约斯不仅是政治的，而且是一个活生生的整体现象。理查德·魏茨泽克也是这样一个人物，人们感觉得到，社会的大部分可以跟他保持一致。总之，这种联系中有某种传统。

施密特："整体现象"这个词我不能轻易接受。每个政治家都有与公众无关的私生活。他的婚姻，他的宗教信仰，他看的书……

斯特恩：没错。我想起肯尼迪说过，芭芭拉·塔奇曼的《八月炮火》一书在1962年古巴危机的日子里对他的决策产生了一定影响。除了这个，人们没有大谈特谈他的私生活……

施密特：古巴导弹危机不是一天里就能解决的事。它是长期形成的，而且越来越麻烦。肯尼迪也不是孤立的一个人，兄弟鲍比就在他身边，他身边还有麦克乔治·邦迪，还有几位历史学家，比如阿瑟·施莱辛格，而且他有一个第一流的演讲稿写手……

斯特恩：泰德·索伦森。

施密特：对，泰德·索伦森。还有谁属于内部圈子，我就不知道了，但是这个小圈子的人可能日日夜夜坐在一起，讨论每一步棋。

斯特恩：您显然没提国务卿迪安·腊斯克。

施密特：这是一个规矩人，可是我不知道，他是不是属于肯尼迪的内部圈子……

斯特恩：不是，他远非您说的那几位重要。鲍比起着十分重要的作用。

施密特：是的，了不得，才那么年轻。今天的政治里，不到40岁的人就是例外了。肯尼迪本人也才40出头。

斯特恩：柏林现在有位新的经济部长，古腾贝格先生。年轻，举止大方，仅仅这个事实就使他上任没几个月便给人们留下了非常漂亮的印象。

施密特：从本质上说，他是给记者们留下了大大的印象，这些人又把这种印象传播开来。

斯特恩：年龄本身不太能说明一个人。随着年龄的增长，我们似乎过于看重年龄了。这毕竟取决于具体的个人。

施密特：在我这一代人里，一个人二十五六岁，就肯定经历了许多事，比今天二十五岁的人成熟。1918年到1926年出生的人，参与了一些事情。

斯特恩：我想补充，被驱逐的人和流亡的人也参与了一些事情。

施密特："一战"中不得不上战场的人十有八九被消灭了，但不是字面意义上的每十个人里剩下一两个，而是总共"只"死了200万士兵。"二战"就不一样了，我们死了的士兵远远超出300万，还死了200多万平民。至于说到几代人——我现在拾您牙慧——关键不是哪年生人，而是人生道路。比如维利·勃兰特或者布鲁诺·克莱斯基①，或者赫伯特·韦纳②，这些人在纳粹时期不得不离开他的国家，在外面经历了战争，就是说，根本没亲历战争。1946年或1947年他们回来时，当然成长了，但是他们的战争经验跟我们不一样。另一方面，他们无法真实地想象德国人在战争中和纳粹统治下的生活。赫伯特·韦纳有一回大发雷霆，背后说我："那个施密特，他的举止是在军官餐厅学的。"一派胡言，韦纳根本不知道，战时一个中尉见都没见过军官餐厅里面是怎么回事。我当了八年兵，只进过一回军官餐厅，我们在里头说了关于阿道夫纳粹的蠢笑话。韦纳"一战"、"二战"都没当过兵。他所经历的，是发生在莫斯科的可怕事情，这些事情塑造了他，直到他生命终结。他经历了可怕的事情，我感觉到，他也部分参与了那种事。但他根本无法想象，我……

斯特恩：恩斯特·罗约特③经历了纳粹上台的最初几年，而且是在恐怖中经历的，受到拷打。罗约特从土耳其回来后，完全能设想1945年前德国的生活。肯定不知道细节，但他非常了解纳粹时代，所以更愿意投身重建祖国，为祖国效力对他来说是非常重要的义务。

施密特：您是否设想过或者是否能设想在50或60年代回来？

斯特恩：回来的意思是永久定居？

---

① 布鲁诺·克莱斯基（1911—1990），奥地利社民党人，1970—1983年任奥地利共和国总理。
② 赫伯特·韦纳（1906—1990），德国政治家，曾为德共党员，1946年加入社民党，曾任联邦两德关系部长和社民党议会党团主席。
③ 恩斯特·罗约特（1889—1953），德国社民党员，曾任西柏林市长。

施密特：非也，意思是回来参加建设，意思是您刚才提到恩斯特·罗约特的那种意思。

斯特恩：没想过。可是1964年我发现，也许能对历史问题作点贡献，可以帮忙或者参与，那一刻我非常兴奋，也确实愿意。在这之前从来没想过。我一直非常关心与德国有关的任何事情，但是回来，永远回来，没想过。如前所说，如果那时有机会就德国历史和德国的过去参与发言，帮助那时还受老一代气的年轻同行，我会感到受益多多。

施密特：可是，如果您50年代像许多流亡史学家一样得到自由柏林大学一份教授聘书……

斯特恩：不行！我跟一个美国人结了婚，有两个美国孩子。我认为，这起决定作用。1954年，我在自由柏林大学教过一学期课，其时，流亡的当年自民党人弗兰茨·诺伊曼也在自由柏林大学。他当时爱上了一位德国女士，差点就回来。我呢，如前所说，非常牵挂孩子们。

施密特：这背后没有一种原则性的决定：不再回德国生活？

斯特恩：不是原则性决定。

施密特：您认识我的朋友埃里克·沃伯格①吗？

斯特恩：认识。

施密特：埃里克·沃伯格是自愿回来的。

斯特恩：是的，我知道。

施密特：当时沃伯格银行还在，他可以一步一步接管过来，这可能也对他回国的决定起了作用。后来他成了真正的德国人，在这里留下来，虽然他有两个受到美式教育

---

① 埃里克·沃伯格（1900—1990），德国犹太银行家。1938年，随父流亡美国，战后返回德国。

的孩子。一个儿子叫马克斯……

斯特恩： 还有玛利亚。

施密特： 埃里克·沃伯格回来了，内心又在这里落户了。还有别的例子，汉堡有艾丽丝白特和赫尔伯特·魏希曼①，或者您知道海因茨·伯格鲁恩②，一个精彩的人。这都是什么样的人生道路啊！

斯特恩： 是的，如您所说：部分地是那一代决定的，但是很多是人的性格使然。我跟埃里克·沃伯格关系不怎么样。您知道，埃里克·沃伯格和玛丽欧差不多每个星期天都一起散步，他们非常要好。他几乎利用每次散步，为的是向玛丽欧解释，这个弗里茨·斯特恩，是非常可怕的东西。谢天谢地，玛丽欧没信这个。我那本关于俾斯麦和布莱希罗德③的书出版之前，我给埃里克·沃伯格写了一封信，请求允许我引用他的先人1898年信里的话。他拒绝了。我又写信给他，我感到很遗憾，可是我必须告诉他，按照美国法律，我有权摘引信里的话，或者转述信的内容。这下可惹恼了他。他在波士顿的妹夫查尔斯·魏赞斯基是联邦法官，很有名，一个为个人自由权利奔走呼号的人。埃里克·沃伯格借这人之手，用公函信纸给我写了一封粗暴的信："听我姐夫埃里克·沃伯格说您肆无忌惮"，还

---

① 魏希曼夫妇，艾丽丝白特·魏希曼（1900—1988）和赫尔伯特·魏希曼（1896—1983），德国犹太人，社民党人，纳粹时期流亡捷克、法国、葡萄牙、西班牙和美国，战后回国，双双在汉堡从政，妻子是议员，丈夫曾任汉堡首席市长。

② 海因茨·伯格鲁恩（1914—2007），著名犹太收藏家、慈善家、记者。1936年，被纳粹驱逐出境、开除国籍。

③ 格尔松·布莱希罗德（1822—1893），德国犹太银行家。

有,"您和出版社在冒很大的危险"等等。他如此小题大做,不惜使用公笺威胁恫吓,使我非常生气,干脆部分引用了那封信,天下没塌下来。

施密特: 您知道埃里克的父亲马克斯·沃伯格是阿尔伯特·巴林①的赞助人吗?

斯特恩: 巴林又是皇上的亲信。而皇上,正如约翰·罗尔的书②最后一卷里指出的,是凶残的反犹主义者。简直不可思议!通向希特勒的线条非常清晰。但是在1914年之前,部分地也在战争中间,皇上当然喜欢犹太资本。

施密特: 不仅这个,阿尔伯特·巴林最后也跟皇上一样,成了帝国主义分子。

斯特恩: 比皇上稍微冷静一点儿,也好不到哪去。

施密特: 没冷静多少。巴林的竞选口号是:"我的地盘是世界。"我永远也忘不了……

斯特恩: 他指的是汉堡—美洲货运公司。

施密特: 他指的是全部海运。我一直把这个看成妄想狂。

斯特恩: 这个,阿比·沃伯格,马克斯的兄弟……

施密特: 沃伯格家弟兄五个……

斯特恩: 我说的是那位艺术史学家,建立了重要的图书馆,谢天谢地,图书馆及时迁到了英国。

施密特: 原来汉堡的沃伯格大楼里的阅览室,90年代又重建起来。今天那里常有活动,非常漂亮的大厅。

斯特恩: 20年代,汉堡在艺术史方面起了很重要的作用,埃尔

---

① 阿尔伯特·巴林(1857—1918),德意志帝国时代举足轻重的犹太名士之一,汉堡船东,汉堡—美洲货运股份公司总裁。

② 指当代英国历史学家约翰·罗尔的三卷本《威廉二世》。

文·帕诺夫斯基首屈一指，到了美国以后在他的领域里发挥了极其重要的影响。哲学方面有恩斯特·卡西尔，他1919—1933年任汉堡大学哲学教授，1933年之前不久还是系主任。帕诺夫斯基和卡西尔对强制移民认识上的区别很有启发性。帕诺夫斯基入乡随俗，不过他早就熟悉美国。卡西尔的感觉则是突如其来的背叛。90年代初，汉堡大学举办了一个展览，展示了犹太教授们被怎样的犬儒主义何等残酷地逐出了学术生活。展览的题目叫"狭隘时代"。我的叔叔奥托·斯特恩是物理化学研究所的正教授，后来获得诺贝尔化学奖，也被开除了。

施密特： 我再回到推动战后重建德国的力量这个问题上来。我没把握，不知道这么说是否正确，但是我的经验表明，正是那些亲历了战争和战争的全部残暴丑恶的人，比起那些没有亲历战争的人来，更愿意在牺牲当年德国东部领土的条件下作个了结。

斯特恩： 对此，想提两点意见。第一，按照我的印象，在当时的政治讨论中没有划分这两组人，即从外面回来的人和留下来的人。第二，回来的人明显是少数。我们前面提到的主要角色，阿登纳、豪约斯，还有别的许多人都不是流亡回来的，而是12年中一直留在这里的。

施密特： 两点都对。对流亡回来的人，或许难度更大。赫尔伯特·魏希曼要是1946年当选汉堡市长，任务可能相当艰巨。

斯特恩： 因为他是犹太人，还是因为他是移民？

施密特： 都不是，而是因为他不认识德国了。别的可能有次要作用，我不想说全无作用，但是这个职务的难度在于，他不能正确认识德国了。为此,他需要马克斯·布劳尔①那种强烈的乐观主义;马克斯·布劳尔虽然也是流亡归来的,但是流亡期间没有失去同德国的联系,他带来了超级美国式的驱动力,使汉堡人重新振作起来。我非常敬重赫尔伯特·魏希曼,认为他是我经历的最重要的汉堡市长,但是1946年他不可能完成这样的任务。20年后他当选汉堡市长,记不清1966年还是1965年了,1965年。

斯特恩:我想补充一点,因为经常被忘记,特别是在美国,德国也是:还在联邦德国成立之前,第一个在美国大受欢迎的战后西德政治家是恩斯特·罗约特。恩斯特·罗约特在封锁时期成为西柏林市长,因为他在空投时期的领导角色和随之而来的美国之行而名扬远近。

施密特:您不要低估了舒马赫的作用。

斯特恩:但不是在美国!

施密特:不是在美国,但在这里,在这个国家。

斯特恩:这个我完全明白。我说的只是:在美国,罗约特是第一个被接受的重要的德国政治家。偏偏他受此重任,人们心存感激,因为他们从他身上获得一种能够共事的感觉。他们需要罗约特这样的人,空中桥梁在美国人眼里当然是大好事。

施密特:除了阿登纳,您知道还有哪位德国政治家早期在美国被接受? 50年代初期,有在美国被接受的德国政治家吗?

斯特恩:我得想想。我是说,我能想得起来的,当然又是我认识的第一个人,是弗里茨·埃尔勒。他很受欢迎。

---

① 马克斯·布劳尔(1887—1973),社民党政治家,魏玛共和国时期阿尔托纳市长,纳粹时期流亡法国、美国,1946年回德国,成为战后首任汉堡市长。

施密特：像阿登纳这样的人是怎么被东海岸集团接受的？人们对他都知道些什么？

斯特恩：他是一位成就惊人的政治家，而且他在魏玛共和国的历史给人印象深刻。我在早期文章中对他有所研究，作了一番发挥，设想如果他1926年当上总理会如何。我记得他跟约翰·麦克洛伊①是远亲。他们彼此敬重，后来发展成接近友谊的关系，对双方都很重要。

施密特：艾哈德当经济部长期间如何被接受的？

斯特恩：起初美国对他略不信任，特别是左派，如果在美国也可以叫左派的话。后来他跟经济奇迹成了一回事。那时我总是要补充：不仅仅是经济奇迹，还是政治奇迹，在一个政治家很少扮演幸运角色的国度，突然出现了一个政治精英，这在德国历史上前所未有——尽管有各种保留。

施密特：40年代末期，路德维希·艾哈德还不以为自己是政治家，多年以后，他才加入基民盟。他本来是一个典型的国民经济学教授，后来得到一个实现他的理念的机会，便另辟蹊径，成就令人惊叹。可惜也耗尽了自己。后来当上总理，糟糕极了。当然阿登纳也没少欺负他，但是他实在不该当这总理。

斯特恩：不过，我还是要说，豪约斯、阿登纳和艾哈德这三驾马车——三个完全不同的人和性格——配合起来，是年轻的共和国一大幸事。当然包括几位社民党人在内。

施密特：从结果来看，我同意。有些地方可能会不同，或者会更

---

① 约翰·麦克洛伊（1895—1989），美国法学家、银行家，曾任世界银行行长，柏林荣誉市民。

好，但是从 2009 年来看，结果比我们 1945 年或 1949 年想象的要好到天上去了。真的是好到天上去了！

斯特恩： 没有人那时侯会想到，德国会在这么短时间里干得这么漂亮。

施密特： 是啊，我们竭尽了全力，我们知道这是我们的任务，但是这 60 年里真正达到了的，远远超出了我们所能想象的。

斯特恩： **是否**有过那么一个时刻，一种情境，您突然有了一种感觉，要成就什么了。

施密特： 第一次有了点希望，是巴尔斯比特，那是 1948 年，货币改革前夕。

斯特恩： 我对巴尔斯比特一无所知。

施密特： 巴尔斯比特是全德学联（德国社会主义大学生联盟）所在地，我那时是学联主席，补充一句：那时学联是一个正儿八经的青年人组织，我们努力学习民主。我们想，为了学习民主，我们需要与外国青年建立联系。于是，我们就去找外国学生组织。那时还没联邦共和国，我们这里是西部联合区，但是全来了：美国人、加拿大人、法国人、英国人、印度人、瑞典人、丹麦人、荷兰人。其中有几位后来成了他们国家的部长，有一位成了总理，还有一位成了国务秘书。他们不仅带来了和平的理念，还带来了装满食品的箱子，还有的箱子里装的是香烟。这里什么也没有，我们吃的是劣等鱼酱。青年人在汉堡附近巴尔斯比特村里我们学联这住了将近一个礼拜。那种开诚布公，那种要帮助被他们战胜了的丑恶的纳粹德国人重新站起来的意愿，对我们德国人就像一次启蒙。

斯特恩： 我可以为自己说，我一直明白，并非所有的德国人都是纳粹。我用第一笔积蓄给我从前认识的人们寄了"关爱包裹"。对德国人的反感——这是温和的说法——我也曾有过。我以为这是不可避免的。但如前所说,我一直明白,那是例外,不是全国都有罪。

施密特:弗里茨,您能说,您这是代表流亡犹太人说的吗?您的特殊贡献是,很早就转向德国,参与帮助这个国家成功获得了第二次机会。

斯特恩:如果想想我同代人里那些由于自己的生活被破坏而始终保留对德国反感的人……

施密特:您跟别人讨论过这个吗?

斯特恩:是的,可能,但我想不起来了。大多数人反感很深,至少最初是这样。您想想爱因斯坦,这个禀性温和的人,所谓禀性温和的人,一说起德国,会非常粗鲁。他说那是大屠杀的凶手之国,他永远也不要再听到这个国家,只对马克斯·封·劳厄①、马克斯·普郎克②等少数几个人网开一面。

施密特:我想对教育这个题目补充几句。联邦共和国60年里,就我所记得起来的,至少有三位政治家文化水平极高。基辛格③是一个,弗兰茨·约瑟夫·施特劳斯是一个,他的长

---

① 马克斯·封·劳厄(1879—1960),德国物理学家,诺贝尔物理学奖得主。
② 马克斯·普郎克(1858—1947),德国物理学家,量子物理学创始人,诺贝尔物理学奖得主。
③ 库尔特·乔治·基辛格(1904—1988),德国基民盟政治家,1958—1966年任巴符州州长,1966—1969年任联邦总理,1967—1971年任基督教民主联盟联邦主席。

项在古代史上，第三位是卡罗·施密特①。

斯特恩：施特劳斯绝对有个好记性，而且口才了不得，这有助于弥补某些文化上的不足。

施密特：回避、搪塞属于政治技巧。

斯特恩：您也这么做过？

施密特：当然了。只有教授们才没这个必要。可见，我对施特劳斯的文化水平的敬重。当然他的文化水平跟卡罗·施密特的不能相比。

斯特恩：等等。有文化不等于素质本身，它本身也不等于必须从事好政治。我想，一个人从事政治——这个视地位而定——必须对历史背景有一定的了解，对经济关系有一定的了解，对宪法知识有一定的了解。最重要的是对人有一定的了解。这与狭义的教育关系不大，您说呢？

施密特：我倾向于您有理。不过，我还是不想要一个完全没文化的联邦总理。赫尔穆特·科尔不是很有文化，我自己也一样。但是跟我不一样的是，赫尔穆特·科尔不知道这一点。相反他要求，政府首脑应该从精神上领导，除此之外还要从道德上领导。只是他全然不知，这一切他都不具备。要求政府首脑从精神上和道德上领导，我认为荒唐，这种想法背后隐藏的是：如果他当总理，他会用这种方式领导。

斯特恩：事实恰恰相反。只要他能够，他就要挫伤那些有真才实

---

① 卡罗·施密特（1896—1979），德国社民党政治家、宪法专家，国际社会工作与青年社会工作联合会创始人之一。

学的人，有格调的人，比登科普夫①、魏茨泽克、伯恩哈德·弗格尔②，都被他伤过。科尔绝对不需要方案，而需要当政者作为理性实干家出来挑战。反对党领袖说：理性实干家？太少了。我们用不着立马全都去教堂，可是对价值作点思考不至于有害。于是，重读的爱国主义掺和进来，一唱国歌，两眼茫然。

施密特：理查德·魏茨泽克说迷恋权力，话里有话，没提科尔的名字，可是指的是他。他是一个让人看不透的权力谋士。不过，趁我们还没踏进日常政治的泥坑，还是先休息一会儿，去园子里吸点新鲜空气……

斯特恩：好主意。

---

① 库尔特·比登科普夫（1930—），德国基民盟政治家、法学教授，1977年与迈因哈德·米格尔共同创建波恩经济与社会研究所，1990—2002年任自由萨克森州州长。

② 伯恩哈德·弗格尔（1932—），德国基民盟政治家、哲学博士，先后出任过莱法州和图林根州州长。

第二天下午

以色列：一个棘手的题目——冲突的根源——格尔松·布莱希罗德——俾斯麦——**德国人的俾斯麦热**——戈尔巴乔夫——苏联解体——勃列日涅夫——波兰的先驱作用——欧安会——人权第三项——昂纳克——统一的麻烦——经济玩忽职守——政治里的真理——作为政治工具的妥协——金融危机的尺度——美国的公共债务——寄望奥巴马——保护主义的危险——资本主义到底是什么？

斯特恩：以色列还是俾斯麦？

施密特：一个我们**想**谈，另一个我们似乎还**必须再**谈一次。一个不愉快的题目。

斯特恩：这个题目不为人，在美国不为人，在以色列也不为人。

施密特：在德国也不为人。我不想老了老了还去得罪人。在以色列，他们曾张开双臂欢迎过我们。那是60年代，1966年，罗吉第一次去以色列，还被邀请去奶奶家。

斯特恩：哪位奶奶？

施密特：梅厄。她比我们大20来岁，所以罗吉和我叫她奶奶。

斯特恩：1966。就是说战争之前，著名的六日战争之前。

施密特：战争之前，对。70年代，我们跟以色列的关系比较困难了，当然也有例外，比如我跟六日战争的英雄达扬就很贴心。

斯特恩：总体上我想说，以色列人本身对德国远不如美国犹太人对德国苛责。不是所有的，但是许多美国犹太人，特别是右翼，过去和现在都非常记仇。

施密特：是的，如果没有美国犹太人，根本不可能形成约旦河西岸以色列定居点。

斯特恩：应该是如果没有一部分美国犹太人。

施密特：这个不是我个人的智慧，是一位朋友告诉我的。几年前，我们谈起约旦河西岸的定居点来，他说："你只要往那里看一眼，就知道，那全是些在布朗克斯①长大的年轻人。"

斯特恩： 这个可能夸大其词了。肯定有人过去了，成为约旦河西岸移民，但那是个很小的数目。

施密特： 甭管多少，弗里茨，事实是，没有美国近30年来一直力挺，以色列不可能在中东推行如此攻击性的政策。

斯特恩： 关于这个，我们昨天已经详细讨论过了。

施密特： 以色列人能做什么呢？他们如此走火入魔，使这个成为世界上可能无法解决的问题之一。

斯特恩： 一个很大的悲剧。一想到以色列的政策，真为它的未来担忧。

施密特： 40多年来，全世界都知道唯一可能的出路是，两个国家并存。1968年以来，世界各国政府都或多或少赞成这个方案，只有以色列政府不同意。现在约旦河西岸和东耶路撒冷住着50万以色列人。

斯特恩： 是的，约旦河西岸的状况丢人现眼，我是说他们怎么对待阿拉伯人。

施密特： 围绕各个移民点的数公里长的所谓的墙，戳在以色列领土之外，根本不顾阿拉伯居民的利益。

斯特恩： 这样做不但违反国际法，也是反人类的。当然也有人为达成两个国家的解决方案努力过；我真诚期待过伊扎克·拉宾，他刚刚迈出正确的第一步，就被一个狂热分子谋杀了。除了拉宾，那时和现在都有为了和平理性解决中东问题而努力的以色列重要政治家、组织和个人！强硬路线的以色列并非整个以色列。

---

① 纽约北部的一个移民混居区，其中白人约一半是犹太人。

施密特：拉宾在奥斯陆和平进程中从内心准备接受两个国家。关于移民点，却没有全部写进和平进程。

斯特恩：我想，拉宾希望达成妥协。方案是：我们放弃若干移民点，为保存下来的居民点，我们从别的地方给你们，阿拉伯人，更多的土地。在以色列，过去和现在都有各种组织明确主张必须归还人家土地。我认识一位以色列将军，姓塔尔。塔尔将军在以色列被称为以色列的隆美尔①，因为他是大名鼎鼎的坦克兵司令——1967年，更多的是在1973年的赎罪日战争中。他就是那个一直打到苏伊士运河，然后在尼罗河畔签署停火协定的人。三年之后我去拜访，他给我看停火的照片，他站在坦克上，周围全是坦克。突然，他说："我们取得了伟大的胜利，但是有一点我得告诉您：我们必须全部归还。"

施密特：迟早有那一天，或者……

斯特恩：是的，不是今天！但也不会遥遥无期。"我们必须全部归还。"接着，他对我说："在这座楼里，我是个异数。"我们谈话的地方，是国防部大楼。

施密特：后来达扬可能也是这种观点。

斯特恩：他还说了给我印象至深的话："您要知道，我属于这座楼里的鹰派；当我们被攻击的那一刻，我会跟别人一样坚决反击。"

施密特：弗里茨，我们离开以色列这个题目，再说也说不出好的了。

---

① 埃尔文·隆美尔（1891—1944），"二战"德国名将，因涉嫌支持1944年7月22日军队内部刺杀希特勒的抵抗运动，于同年10月14日被希特勒赐死。隆美尔始终未加入国家社会主义工人党。丘吉尔称他是"一位伟大的将军"。

斯特恩：这么一来，我们可就片面了，因为到现在只说了以色列的错误。至少还得说说巴勒斯坦的作用。一方面不能忘记慕尼黑1972①以及全部恐怖活动，另一方面是这样一个事实，即巴勒斯坦的全部苦难也是富有的阿拉伯国家漠不不关心造成的……

施密特：历史地看，全部问题的起始在1917年的《贝尔福宣言》里。英国人许给犹太人一块自己的领土，没有去想想，有一天这块地上会形成一个以色列国家。这涉及一系列阿拉伯行政区，它们形式上是从君士坦丁堡统治的奥斯曼帝国的一部分，这是一个毫无头绪的局面，还没有沙特阿拉伯、叙利亚、伊拉克这些国家，只有黎巴嫩是个国家，其他所有地区都在土耳其治下。

斯特恩：1917年的《贝尔福宣言》没有说以色列国家，而是说犹太民族家园，英国人许地给犹太复国主义者，不只是出于善意，而且他们认为，这样做，巴勒斯坦就会成为他们自己的良好基础。许多犹太复国主义者也借此讨好英国人：我们会成为你们在东方的直布罗陀，这样一来，你们在地中海就有了两个重要支点，一面有直布罗陀，另一面有犹太人的巴勒斯坦。

施密特：我认为，那时有人能提出以色列国家未来的设想，可惜他们没说出来，纳胡姆·戈德曼②就是其中之一。

斯特恩：一个非常有吸引力的人。他把自己的文件包留给了我！

---

① 1972年9月5日，第二十届夏季奥运会举办期间，在慕尼黑发生了一次恐怖事件。巴勒斯坦武装组织——黑色九月，突然袭击参加奥运会的以色列代表团，造成11位以色列运动员死亡。

② 纳胡姆·戈德曼（1895—1982），世界犹太人大会创始人和多年主席。

他对以色列国家支持极大。——我要说的是，阿拉伯国家对巴勒斯坦人的冷漠令人震惊。

施密特：您别忘了，这些所谓的阿拉伯国家最初根本不具备合法性。这些全是1919年巴黎会议上同盟国制造的产品。这之前所有这些国家都不存在。

斯特恩：我指的是阿拉伯国家今天的作派。或者也包括1948年，亦即以色列建国时，那时它们都已经存在了。

施密特：那时它们已经存在了。

但都是些非常脆弱的国家，而且无一例外全是独裁专政，统治家族根基不牢，只能靠阴谋操控，特别是内政。约旦是这样，叙利亚也是这样。于是，出现了以色列的敌人，就这么简单。

斯特恩：至少有一线光明，以色列是民主国家，尽管糙，毕竟是民主。这个地区的阿拉伯国家整体上连这点粗糙的民主都谈不上，它们或多或少都是封建国家和独裁专制。

施密特：国际法不分民主与专制。

斯特恩：但是参照我们昨天和今天所谈到的，可以说，以色列与其邻国的专制相比，至少有民主优势。关涉以色列未来的希望因素之一是最高法院，这个机构名副其实地按保守自由主义行事，涉及不宽容问题和酷刑问题时，竭力让本国政府恪守界度。最高法院是一个重要的正面权威。

施密特：最高法院连犹太人和非犹太人之间的婚姻都不承认，考虑到这一点，我跟您不同，更持怀疑态度。不过我们还是先撇开这个题目——我今天上午就想问您，您怎么想到写大作来着？因为您提到银行家布莱希罗德，我才问这个。

斯特恩：我可以不假思索就回答：纯系偶然，我这辈子里许多事都是偶然。人家告诉我,那儿有一个档案馆,保存了布莱希罗德私人档案馆里现存的所有内容。这个档案馆显然完全不够用,但我看了一个钟头,发现了俾斯麦政府最后年代的一封信,如果没记错,是可怕的赫伯特和俾斯麦或者和他女婿楚兰曹先生之间的通信,信中俾斯麦的观点与他公开场合说的恰恰相反。这封信提示我,档案馆里还会有别的新发现。这让我欣喜若狂。

施密特:恩斯特·恩格伯格①有关于俾斯麦和布莱希罗德之间联系的详细记载吗?

斯特恩:顺便提及而已。

施密特:爱看书的中学生施密特至少知道他们的联系,我头一次听说布莱希罗德这个人,那时十四五岁。

斯特恩:那您可是凤毛麟角了。我是说,就连德国的历史学家,受过专门训练的史学家对俾斯麦—布莱希罗德的关系都……

施密特:不知道。

斯特恩:或者也许知道,但捂住了。

施密特:他们该问问中学生施密特。恩格伯格的书什么时候问世的?在您的书之前?

斯特恩:之后。

施密特:我觉得那本书基本上不差。

斯特恩:是的,不差。

施密特:里面几乎没有共产主义—马克思主义的偏见。

斯特恩:80年代中期,在民主德国敢碰碰俾斯麦现象本身就很了

---

① 恩斯特·恩格伯格(1909—2010),前东德普鲁士历史专家,《俾斯麦传》作者。

不起了。

施密特： 您如何解释，为什么俾斯麦在德国至今得到如此好评？

斯特恩： 我想，俾斯麦如此备极哀荣，是威廉二世的功劳，当然他自己不知道也不想这样。无论如何我不赞同不支持这种荣耀。俾斯麦神话对德国伤害至深，但是与皇上相比，宰相还是一个理性政治家。

施密特： 当然要区分：一、1871年前和这之后的俾斯麦，这是两个不同的俾斯麦。二、对于1871年以后的俾斯麦，还要区分外交俾斯麦和内政俾斯麦。内政上，他是坏蛋，是反动派，但外交策略上确实天才，没说的。

斯特恩： 完全同意您的见解，大师，天才，包括1871年以后与法国和解。只是这个外交政策到后来对他越来越困难，《秘密再保险条约》是一项非常脆弱的工程。

施密特： 完全正确。关键是"秘密"这个词儿。这保障了他的外交政策。他本来就不靠民主，不需要议会多数。

斯特恩： 听起来好像您对议会监督表示遗憾似的。

施密特： 我可没这个意思，但是必须看到：一个依附议会同意的政府，要制定再保险条约这种策略上的精品，就会有点难度了。

斯特恩： 他不仅需要议会同意，在他那个时代，还得跟另一种媒体打交道……

施密特： 他根本不需要媒体。只要威廉一世不在他背后捣乱，他就知足了。

斯特恩： 最晚到1888年他似乎需要媒体了。

施密特： 那时已经山穷水尽了。

斯特恩： 您说必须区分内政与外交，内政上他很糟糕，没错，我给您打100分，百分之一百正确。舆论方面，他好不到哪去，操纵控制媒体。他这样做，仅仅为了能有一个友好的媒体并被这个友好的媒体接纳。他已经被舆论左右了。

施密特："爬行动物基金"这个词是什么时候发明的？

斯特恩：钱来自维尔芬基金会，1866年德奥战争之后汉诺威人必须往里填钱。钱供俾斯麦亲自支配，或多或少由布莱希罗德管理，主要用于"通告媒体"，"通告"是我的说法。就是说，他已经很关心舆论了，但我承认您说的对，他只在极其有限的程度上需要议会，他需要议会主要是为了预算。他对待议会的态度，在历史上留下了后果。

施密特：他与议会打交道有个例外。他制定的帝国宪法把预算权交给了议会，除了这个，帝国议会没有别的权力。连帝国宰相都不是议会选举的，而是由皇帝钦定：你，比洛伯爵①，或者你，霍恩罗公爵②，当帝国宰相。但是每年的财政预算必须由议会批准。这事叫人吃惊，俾斯麦的反民主直觉不灵了。我猜想，他不知道财政预算意义重大。

斯特恩：不对，他必须知道；他1862年开始执政，那时因为威廉一世要推行军队改革，议会要否决预算。这是俾斯麦1866年继科尼希格莱茨战役之后了结的著名的宪法之争——借此机会分化了普鲁士自由党人。另外，财政预算权是以往议会的主要职能。

施密特：没遇到麻烦，俾斯麦宪法就把财政预算权拱手让给了议

---

① 伯恩哈特·封·比洛（1849—1929），1900—1909年任德意志帝国宰相。
② 克罗德维希·祖·霍恩罗－施灵弗尔斯特（1819—1901），1894—1900年任德意志帝国宰相。

会。如果是这样，越发让人吃惊了。

斯特恩：这个他阻挡不了，除非事后发动政变，这他也不是没想到过。帝国建立后限制议会权力，决定军事预算每七年批一回。由此保证了军队在国家的特殊地位，军队在社会上也有特殊地位。

施密特：这样做的结果是，直到 1919 年，帝国议会果然除了财政预算实际上没进行过大辩论。

斯特恩：是的，但有个特例。

施密特：后果是，直到 2009 年联邦议会还把财政预算看成议会年度最重要的事件。

斯特恩：不过必须补充一句，遇到重大事件，比如 1908 年《每日电讯报》事件，议会就视为自己的任务并直接批评了皇帝本人。这下皇帝吃惊不小，议会竟敢弹劾他的言行。政府当然也吃惊不小，要求皇帝以后谨言慎行，这在当时可是前所未闻的，并非小事。

施密特：并非小事……

斯特恩：而且这也不是皇帝第一次出乖露丑。

施密特：那许许多多的俾斯麦纪念塔是什么时候修的？

斯特恩：我想，这只是我的猜想，主要是他被罢官之后，基本是在 1890 年到 1914 年间。第一批早在大败奥地利以后就出现了，它们立在西里西亚并非偶然。

施密特：汉堡的俾斯麦纪念碑有真人 20 倍大，一个大怪物。

斯特恩：我就说嘛，俾斯麦神话，俾斯麦遗留下来的，对德国人不是什么好事。1895 年，他 80 大寿，400 来个德国城市授予他名誉市民称号。

施密特：所以我再问一次：崇拜从何而来？出自感恩？感的什么恩？

斯特恩：感的建立帝国之恩和德国迅速崛起之恩。

施密特：谢天谢地，这回统一没让我们再修塔立碑！在这些俾斯麦纪念塔和俾斯麦纪念碑上，我发现那人几乎千篇一律着军装，其实他并非军人。可是，出自德国人的军事崇拜，铁血宰相也得打扮成将军……

斯特恩：头戴尖盔！资产阶级成分从一开始就被压抑了。第一个看到危险的人——对不起，我又要提他了——是尼采，他1873年说过："一次伟大的胜利亦即一场巨大的危险。"他指的是1871年的凯旋，掷地有声。对前面说的作个追补，我在1973年赎罪日战争之后写的一篇文章里，把尼采这句话用到了以色列身上：一次伟大的胜利——指的是1967年的胜利——亦即一场巨大的危险。这种德国必胜的信念本来不是俾斯麦的，后来广为传播，部分是军队传播的，更多却是民间传播的。再次呈答：俾斯麦崇拜来自1871年到1890年俾斯麦被罢官这一期间德意志帝国在经济和科学领域取得的巨大进步。德国飞速崛起，这一进程持续到1914年，这也被记在俾斯麦的功劳账上。

施密特：俾斯麦把一堆弹丸小国、几个稍微大点的以及一个非常大的普鲁士统一为德意志帝国，比起1989/1990年间的两德统一来，任务要艰巨得多。不过不能忘了：第一次统一，即建立德意志帝国，之所以可能，是因为德国赢了一场战争，再没有螳臂能当德国之车。俾斯麦则竭力给德国的繁荣降降温。

斯特恩：正解！六年打了三次仗！

施密特：1989/1990年间两个战后德国能够统一，仅仅因为第一有欧盟，第二有北约。否则无法克服我们邻国的抵抗。不是科尔有本事克服这种抵抗，他的本事远远不够，实际上应该感谢美国人。

斯特恩：大部分是这样，但戈尔巴乔夫也准备批准北约成员。

施密特：是的，东边有戈尔巴乔夫支持，部分出自对局势的理解，部分出自回天无力。西方让他相信，军事格局不会有大变化，结果他掉进去了。

斯特恩：这是有意欺骗吗？

施密特：我不知道。

斯特恩：西方没让他相信，可能是他自己愿意相信。他有一种民族自治思想。

施密特：事后西方没有人为这种模模糊糊的基本是口头的承诺背书。不过，让华约组织解体的也不是西方。这都统一两年以后的事了。

斯特恩：回过头来看，戈尔巴乔夫的估计并不出格，他甚至有点天真。在莫斯科难道不能掰着指头数数，所有成员国都巴不得尽快从华约出来吗？

施密特：1989/1990年间还不能掰着指头数，连老布什和他班子里的人都不能掰着指头数呢。华盛顿、伦敦、巴黎和波恩的西方主要政府，都没算到华约组织解体。

斯特恩：波兰那时已经是非共产党政府了，单单波兰的发展也该让俄国起疑了，幸亏没这样。不过也不能指望一个非共产党政府会长期维系《华沙条约》。

施密特：波兰当时是华约成员国，国土上驻着两个俄国师。我再说一遍：戈尔巴乔夫不是被西方推翻的，而是被个把穿军装的空谈家掀掉的。接着叶利钦来了。等到苏联全面崩溃，爱沙尼亚、立陶宛、格鲁吉亚、亚美尼亚和乌克兰才有可能独立。如果苏联政治局不是戈尔巴乔夫领导，而是一个反动的莽夫，那就会流血，苏联人之间不至于大量流血，苏联军队可要让波兰人、爱沙尼亚人等等大量流血了。西方人事先没有料到苏联解体，也绝对没有考虑到苏联可能解体。

斯特恩：今天人们知道了，从 1987 年起，戈尔巴乔夫周围的人就已经在认真考虑，甩掉民主德国是否对苏联更好些。1990 年或者 1991 年，我在维也纳跟一位政治局委员有过一场公开辩论。他告诉我，他在 1987 年就对戈尔巴乔夫说过："民主德国对于我们是一个包袱，统一本身对我们并不是坏事。"我起初不信，但那以后有多方消息来源披露，莫斯科朝着这个方向考虑过。

施密特：在政治局下面莫斯科肯定有一系列知识分子思考过各种可能的发展选择。其中一位跟一个外国人，一个姓斯特恩的美国人谈过这些。

斯特恩：我认为，1985 年戈尔巴乔夫接任以后，莫斯科官僚机器中确实起了很多变动。那年春天，我在图青的基督教学院跟尼古莱·波图加洛夫[①]进行过一场公开讨论。讨论的是 1952 年的斯大林照会，我试图解释，为什么盟军不能接受这个建议。波图加洛夫认为，这是一个诚意的建议，一种建立一个统一德国的尝试。我们不能达成一致，图青院长说，我们晚上应该私下里再谈谈。晚上我们又谈，他的德语跟很多俄国人一样，非常好，他先开头，谈火箭基地和北约双重决议。你们如果坚持——他指的当然是美国人——那就严重了，就会出来第二个斯大林照会：

[①] 尼古莱·波图加洛夫（1928—2008），前苏共中央委员，曾任驻波恩记者，支持德国统一。

"但这次是真的。"他突然亮底，把我惊呆了。于是，我反唇相讥："你们要拿出新的斯大林照会，先得政治局换人，契尔年科可不行，得换个总书记。"波图加洛夫冷冷地说："我们有人！他就来了！"他指的是戈尔巴乔夫。几天后，契尔年科就死了。

施密特：契尔年科是个老头子，没用了。他的前任安德留波夫也没用了。

斯特恩：戈尔巴乔夫已经是布尔什维克上层圈定的接班人，因为他有一定的魅力。

施密特：这个他肯定有，可能他还是一个完全正派的人……

斯特恩：这人愿意学习。

施密特：可惜不够。我讲一个小故事：戈尔巴乔夫到波恩正式访问，肯定是1989年，我已经早就离职了。他启动了他的经济改革，想跟我谈谈。谈话在火车里进行，不是一个半钟头，而是三个钟头，因为火车在一个什么地方抛了。谢瓦尔泽纳德也在场，我这边坐的是约翰内斯·劳，这两位一句话也没说。有一位翻译给翻。我作了准备，讲给他听："亲爱的朋友，您印的钞票太多了。您的货币短缺持续不增长，生产不能同步增长。结果是物价通胀，试图通过国家物价条例和工资条例把您又逼回去。这个不会成功，于是出现黑市。您必须限制您的货币短缺。"我给他列举了数字。他打断我，说："施密特先生，这些数字我们在克里姆林宫里从来没讨论过。"后来我遇到他的央行行长，他姓格拉施琴柯，记得见面是在东京。我对他提起那次谈话，他被他那最高上司的天真气得头发都立起来了。所以您的估计正确：他是一个有良好意愿的人，只是不谙经济现实。

斯特恩：我可不想走这么远！我是说，他对现实有一种惊人的感觉，指的是他认识到了原封不动维系苏联体制的现状是不可能的。他知道，苏联想要继续生存，必须进行深刻变革。这个我不能说是天真……

施密特：不是，不是说这个，这个您说得对，我们意见一致。我得修改一下我的话：他有良好的意愿，对该去的方向有正确的直觉，只是缺乏如何去做的经验。一开始，他就同时推行公开化和改革——改革是必要的，但在同一时间公开化可要小心！这些多少超出了戈尔巴乔夫的公开化。他也没想到，要允许人们自己决定他们能实现的价格。这一切从沙皇时代起就调好了！俄国从恐怖的伊万起一直是专制统治，从来没变过。那里根本没有民主传统，除了一两个西方人……

斯特恩：但是1905年革命后沙俄内部出现了真正的改革……

施密特：是的，改革一直持续到列宁夺取政权。

斯特恩：正是，改革被世界大战破坏了。

施密特：他们需要的是一个彼得大帝那样的领军人物。对人冷酷无情，但同时却对所有技术与经济发展敞开大门。

斯特恩：不是这样，还得说，彼得大帝属于开明专制者。不止在技术意义上，而且在政治与精神的关系方面，彼得大帝可不仅仅是个技术官僚，他有社会心怀。我认为戈尔巴乔夫也是这样。他有浪漫色彩的想象力，只有想不到的，没有做不到的。老实说，我很喜欢这样。现在来看戈尔巴乔夫的另一个方面，他给流放在格尔基的萨哈罗夫打电话，说：您回莫斯科来！这是一个非常高的姿态，对他与西方的关系也很重要。

施密特：道德上，戈尔巴乔夫各方面都说的过去。但是一个指挥一场名为改革的高度复杂的演习的执政者，同时放手造舆论，而且是批评性的舆论，就是在冒险。

斯特恩：在大部分俄国民众里，戈尔巴乔夫今天并不是很得人心。他们从民族角度说他是个败家子，要他对苏联解体负责。

施密特：他们如是说。

斯特恩：但是我认为这种指责不对。1989年9月，我在《纽约书评》发表了一篇关于戈尔巴乔夫和东方的长文，其中比较了戈尔巴乔夫和马丁·路德。戈尔巴乔夫开始改革时希望能改变苏联，正如路德要改革天主教一样。一旦出现革命局面……

施密特：很有意思的比较。我想对苏联历史的最后年代补充几句：从今天来看，这个制度迟早要解体。领导它的那些人都老朽了，很难理解自己左边右边发生的事，也没有足够的力气换挡、刹车、踩油门。那些人我全都见过，勃列日涅夫、安德留波夫、契尔年科，这个那个叫什么名字的。他们最后在80年代中期把一个叫戈尔巴乔夫的用伟大的新思想武装起来的相对年轻的人变成总书记和总统，也许加快了解体的速度，但解体是迟早的事。

斯特恩：1945年的胜利使这个体制得以形成，并延续了40年。您还见过安德留波夫和契尔年柯？

施密特：他们在勃列日涅夫死后这段时间内相继成为一把手时，我已经不在职了。但是作为政治局委员，他们属于围着勃列日涅夫转的人。很难单独跟他在一起。所以他1978年来国事访问时我把他请到家里来。他看到新区许多房子中间的这所房子，看到每所房子前面都停着一辆汽车，最先想到的是，这是一个权贵居住区。他于是问：护墙在哪儿？他大概是第一次看到西方的生活水平。我们在对门咱们昨天晚上吃饭的那张桌子旁吃了顿饭。期间他要打针，我指给他我们家浴室在哪儿，他得穿过我的卧室，大夫已经把针和包包放在浴室里了。

斯特恩：您把这视为非常信任的表示……

施密特：正是这样。前一天我们在菊木尼锡宫①谈了很长时间，谈的是 SS-20 型导弹。我对他说，我想带目标地图来，地图上标着您那些威胁德国的导弹在哪，目标都在哪里，您大概也有这样的地图，您也带来嘛。去的路上我们并排坐在汽车里，他对我说：联邦总理先生，您抽烟吧！我对他说：我知道，总书记先生，您**不许**抽烟。是的，他说，可是我很爱闻烟味儿。他想被动吸烟。就像您今天被动吸烟一样。他当真带来了地图，带苏联导弹布置的巨幅地图，我也带来了到处标着红蓝记号的类似地图，中欧地图、德国地图、波兰地图。我试图让他明白，他那些对准我国城市的导弹是无法忍受的风险。他明白了，出于愤怒，大手一挥，把桌上所有的图全给划拉地上了。他的助手只好一张张捡起来，叠好。这一刻，我完全明白了，这人怕打仗。

斯特恩：谢天谢地他怕打仗。

施密特：尤其怕跟中国打仗，所以我跟他从来没提过我跟毛泽东的谈话。1975 年我去中国，毛泽东接见我时，从克劳塞维茨谈起。然后我们谈到中苏关系，毛知道的清清楚楚，说他们在那里有多少多少坦克师，有多少多少导弹瞄准我们的城市，可是我们让他们进来，他们将淹没在中国人民群众的大海里。他非常有把握，中国人必胜。他非

---

① 德国北威州的一座环水建筑，曾为联邦政府招待所。

常自信，打仗，我们准赢！俄国人怕打仗。

斯特恩： 1968年有个捷克笑话。

"你们希望什么？"

"我们希望中国人占领捷克。"

"然后希望什么？"

"然后希望中国人撤退。"

"然后呢？"

"然后他们再来占领我们。如果他们来两回三回，他们就会在行军途中灭了俄国。"

施密特： 70年代末，苏联负担过重，捉襟见肘。他们把经济能力主要用于扩军，造了那么多导弹和原子弹，如牛负重，喘不过气来。苏联经济的效率远远落在意大利、捷克斯洛伐克等国后面，更不要说当时的联邦德国了。俄国领导人至今没能把他们巨大的工程技术和自然科学资源从军备转到理性点的领域。

斯特恩： 1989/1990年间，谁也不知道往下怎么走，比如如何满足俄国人民的日常生活需求。我想，这个政权禁不起一场恐怖行动。但是军事专制的危险至少延续到90年代，一直到叶利钦时代末期。

施密特： 不一定非得是军事专制，也可能是内务部专政，我认为后者的可能性更大。这就会造成流血，不仅苏联内部会流血，而且会导致《华沙条约》附庸国里流血。不管是军事专制还是国安专制，出于经济原因，反正要专政。这就要导致后来的解体了，可能会极快。

斯特恩： 戈尔巴乔夫在关键时刻放弃启动军事制动闸，这也许属于他最重要的历史功绩。

施密特： 是的，可是别人替他启动军事制动闸，把他推翻了。

斯特恩：我看到，在评价戈尔巴乔夫的历史功绩上，我们有点分歧。您不至于像美国鹰派那样认为，有人最后把苏联扩军扩死了吧？

施密特：西方没把它扩死，它自己把自己扩到了经济崩溃的边缘。谁也没逼着苏联造那么多原子弹。西方疯了，造这个，苏联也疯了，跟着造。为了对付美国，保险起见，有三艘带核弹头的潜艇和相应的火箭足够了。俄国人什么都太多：太多坦克师，太多飞机，太多导弹。他们的士兵很惨，一直到普京时代都是很惨。部分职业士兵好几个月发不了饷。钱全用到装备上去了，他们却没钱支付自己的士兵。

斯特恩：俄国军队从德国撤出时，可以看到俄国士兵日常生活的画面，到处缺这少那。我很惊讶，什么事没有，就这么撤了。科尔给了几百万，可是对于军队，这一切是那么……

施密特：丢人现眼。

斯特恩：是丢人现眼，早在1945年俄国士兵看着德国人的生活水平，就已经觉得丢人现眼了。为什么德国钟表那么抢手？许多红军士兵该问问自己，为什么"富有的"德国要侵略"贫穷的"俄国？

施密特：这让我不能不想起第一次跟勃列日涅夫谈话。那是1973年，在勃兰特官邸。勃兰特是总理，我是他的部长之一。勃列日涅夫来访，大家一起吃晚餐，在座的大概有12个人，谈起了"二战"。勃列日涅夫来了个大约20分钟长的"二战"独白，细数法西斯在苏联的桩桩罪行。他放开了说，没完没了，什么都说——不是找茬，是想讨论勃兰特的东方政策。可是，他认为几百万德国兵理所当然是法西斯。我接着发言，**也**不短，大约反驳了 12 分钟：总书记先生，您所经历的非常可怕。对这个、那个、还有那个，您说的完全有理。可是，我必须告诉您，对于我们德国人，这也同样可怕。然后我从**自己**的角度叙述了战争的苦难。后来他没再提法西斯分子。这次交锋使我们个人之间在以后几年能惺惺相惜。

斯特恩：另外，您开诚布公地反驳，给他印象至深。

施密特：我没反驳他，我只是让他看到另一面。您刚才说的钟表，直到 1989 年都没怎么变。苏联士兵从波茨坦或者波恩撤出时，连门和窗户都带走了，因为他们知道，他们去的国度买不到这些东西。

斯特恩：撤军是戈尔巴乔夫政府的历史功绩，他拥有很大的权威！

施密特：如果是在叶利钦时代，两年之后，就难说了。但是俄国将领仍然服从他们的政治局和总书记。

斯特恩：能为此负责，就是一项历史功绩。戈尔巴乔夫 1989 年夏天正是这样承担了责任，让驻在民主德国的俄国军队不出兵营。在作出这个决定时，波兰的因素可能也起了作用。波兰已经取得了一定的独立。有两个师的俄国士兵驻在波兰，也许必须通过波兰往民主德国输送加强兵力，我觉得，这个想法对俄国人产生了震慑。或者这么说：波兰的发展已经取得了许多成就，以致俄国人 1989 年秋天对民主德国的世态作出决定时不能不顾虑到这个。

施密特：我想，戈尔巴乔夫及其左右根据他们在波兰经历的和观察到的，肯定知道，民主德国可能会有类似的发展，不过只会更快罢了。俄国人没有干涉波兰，1981 年似乎想干涉来着。如今有位翻阅了档案的历史学家看出来了，俄国人没有真想干涉，只是看起来好像要干涉。波兰人当时也觉得，好像苏联军队要直接干涉了。那是团结工会在格但斯克和格丁尼亚罢工初期，那是1980年勃列日涅夫掌权的时候。波兰继续发展，不到九年，民主德国也开始了类似的发展，但不完全相同。即使这时在莫斯科某个内务部将军当上了总书记，根据1980年末和1981年初的先例，也不至于出兵干涉。

斯特恩： 不过，1989年民主德国的局面不是暗淡得多吗？

施密特： 民主德国一直是非暴力的局面。弗里茨，我提个使我们对评价戈尔巴乔夫能互相靠近一点的建议。或许可以这么说：波兰、拉脱维亚、立陶宛、爱沙尼亚，还有别的许多国家，特别是德国，他们有各种理由对戈尔巴乔夫心存感激。大多数俄国人却另有看法，我们可以理解。但是**我们**有理由心存感激。所以这个人在德国比较受欢迎。

斯特恩： 我完全同意。这是一个世界史现象！但我还是想把弓……

施密特： 不张满！

斯特恩： 也不是这样！但或许慢慢张开。苏联继续存在到90年代说到底也跟希特勒有关。

因为不管苏联经受了多少苦难，"二战"还是给了它重新开始的基础。这个国家在30年代末内馈已尽上来，经济面临严酷局面。通过战争，通过苏联专政与资本主义西方不现实的结盟，斯大林又春风得意，苏维埃帝国向西扩张，俄国人由此声望大增。不能忘记，这场战争阴差阳错损失惨痛，却同时加固了苏联在一定时期的地位。

施密特：这无疑是正确的。不过我们别又回去讨论希特勒。

斯特恩：断断不会。我想继续讨论苏联的终结这个题目。我认为赫尔辛基是决定性的转折点，1975年欧安会首脑会议之后，出现了苏联权力集团解体的可能性。

施密特：毫无疑问，对于波兰、捷克斯洛伐克和苏联的反对派，赫尔辛基终结会议具有无以复加的重要意义。不过，具有讽刺意味的是，开会的主意出自俄国人自己。所以美国人起初持抵制和怀疑态度。这是一场交易，我们西方确保俄国人现在的边界，他们在第三项人权下面签字。

斯特恩：是这样，俄国领导人很不情愿认真接受关于人权的声明，只有一两个苏联人因此而忧心忡忡。

施密特：这个我信！但是赫尔辛基之后很快就带来巨大成就和鼓舞，看看布拉格瓦茨拉夫·哈维尔的七七宪章，看看苏联的索尔仁尼琴！事实上，共产党领导人在文件下面签上了他们的名字，这一事实有助于东欧集团内的反对派运动。

斯特恩：理查德·封·魏茨泽克认为赫尔辛基是东欧改革运动迈出原动力的第一步。当时我的感受也是这样。

施密特：魏茨泽克有道理。他当时是基民盟少数持有与领导不同见解的人之一。基民盟领导和议员群众反对赫尔辛基终结会议声明，他们在议会提出议案，不准联邦总理参与此事。如果我当时同意了他们的建议，我们就跟阿尔巴尼亚坐在一起，唱孤家寡人了。当时我把这事掰扯开来，津津有味地咀嚼。

斯特恩：今天呢？

施密特：人应该记得自己的罪过，对得起历史的真实。

斯特恩：反对您的不只是基民盟，而主要是几个美国人。

施密特：主要是美国当时的安全顾问。赫尔辛基会议召开前不久，杰拉尔德·福特来访，他比亨利要坦率得多。我猜测，不是亨利，而是总统决定，美国参加。

斯特恩：那时亨利对赫尔辛基其实不以为然。这完全正确。他首先看到的是把东欧边界合法化的危险，并反对向苏联暗示承认《雅尔塔决议》。苏联人要的正是东欧集团内部的合法化。你们还反对个什么？西方现在签署了，完事了。

施密特：我认为，美国最终愿意参加的决定因素是第三项。

斯特恩：人权第三项能带来如此之多的鼓励，是事先没有料到的。即使能在法庭上援引欧安会最后文件，仍然需要用巨大的勇气提高嗓门。许多持不同政见者有这种勇气。

施密特：除此之外，赫尔辛基会议还是个有趣的菜市场，可以互相交谈。我跟勃列日涅夫和葛罗米柯没完没了地谈，跟昂纳克谈了一个钟头。我们利用这次机会，发明了所谓的七国峰会。吉斯卡尔和施密特先鼓捣出来个方案，然后约了杰里·福特和哈罗德·威尔逊在花园见面。我也和令人生畏的塞浦路斯大主教马卡里奥斯交谈过。通常只有在正式访问场合才能见到这些人。

斯特恩：这是您第一次与昂纳克交谈？

施密特：是的，是我们第一次交谈。如果我没跟别的谈话混了，他很客气，有些不安。直到1981年底1982年初，我一直感觉到他的这种不安。一方面，他错误估计了他那国家的经济形势：1981年他还严肃认真地向我解释，民主德国在全世界工业国家里排名第七。他真的这样认为。真真可笑！另一方面，他可能永远都不知道，还让他走多远，他又能走多远。他需要我们的帮助，财政上的帮助，他也得到了这些帮助。

只是他永远也不知道，在与莫斯科的关系中，他还敢往前走多少，他永远也不知道莫斯科决定朝着哪个方向走。一件事，只要莫斯科还没作出决定，他就只能克制等待。有时我真的同情他，出自两个原因，他对自己经济形势的完全错误的判断和他对他永远不能预见的莫斯科决策的依赖性。

斯特恩：在这事上，我相信，莫斯科有一些人知道联邦德国对民主德国多少有帮助，他们对此心存感激。

施密特：对此我无从判断，但他们肯定知道我们做的事。

斯特恩：马库斯·沃尔夫的国家安全局没把所有的报告寄给莫斯科？

施密特：是的。不过人们要想想，西德人从东德监狱里买人，卖人的跟西德人讨价还价，拿每一个释放的人卖出好价钱来，同时又在同一张桌子旁吹他在全世界工业国中排名第七。

斯特恩：他这个还是有不少人信了，包括东欧集团之外的人，包括我们在美国的人。民主德国是一个陷入经济困境的国家这个事实，多数人到1990年才渐渐明白。

施密特：对民主德国经济效益的错误理解里也有正确的东西：民主德国的生活水平明显比苏联高。

斯特恩：高估自己的原因也许是因为它在东欧集团里是经济精英。

施密特：是的，技术方面也是精英，但军备技术例外。但是机器制造、精密仪表、光学仪器等都很领先。耶拿有古老的光学元件传统。

斯特恩：1989 年，民主德国完结时，您没有对它的经济崩溃感到奇怪吧？

施密特：这才不会让我感到奇怪呐。我 1959 年就知道了，30 年前就知道了。1959 年，我应赫伯特·韦纳之请成立了一个由经济学家和政治家组成的工作组，他们就下面的问题写了一份鉴定：当两个德国的政治统一成为可能时，经济统一应该是什么样子？30 年后，1989 年，这份鉴定书居然在东柏林一家出版社出版了。1959 年，西德与东德的经济效率比例是 5:3，1989 年极可能是 1:3。十年后，勃兰特政府成立后，我们在两德关系部建立了一个研究中心，中心致力于研究今后民主德国的经济与社会发展。1989 年，所有研究成果都可以调阅，但是当时的联邦政府没有参阅这些知识。当时的两德关系部长是一位漂亮的女士①，但是端不出来，没有自觉意识，也没紧急把那些研究成果送给她的总理科尔看看，结果没派上用场的许多原因中的一个是，科尔——可能完全是真实的——有一种幻想中的希望，即在四年之内把民主德国……

斯特恩：您相信，他真的那样认为吗？

施密特：我相信；我的多数朋友不信，但是我信。

斯特恩：依您所见，这是一种非常天真的估计。

施密特：他对经济事务当然天真。这么说没一点问题。

---

① 指多罗特·威廉姆斯，德国基民盟政治家，1982—1987 年任教育与科研部长，1987—1991 年任两德关系部长。

斯特恩：除此之外，他政治上……

施密特：配起来绝了。

斯特恩：经济上的主要错误可能在货币转换上。

施密特：不在货币转换本身，而是在细节，即汇率上。一个东马克换一个西德马克，工资和物价也是1:1，这是一个严重的错误。实际上一个东马克的购买力最多是一个西德马克购买力的30%。不仅工资转换了，连物价也转换了，就是说，买一辆东德出的特拉比汽车，不是付10000东马克，而是10000西德马克。可是这种车根本不值这个价钱！一辆十年车龄的二手欧宝或福特也值不了这么多钱。结果是，没人愿意买特拉比了。结果是，特拉比的生产在统一之前就寿终正寝了，只好关闭。许多别的产品也是这样。这是一个严重的错误，原因不在货币转换本身，而在汇率。

斯特恩：但是对于联邦新州的打工仔，却像绝妙好事。如果经济也相应转换了，就正确了，但这会在三月大选中丢掉不少选票。

施密特：也许是这样，但不能事事都听选民的。还有另一个严重错误。似乎是一夜之间，从前民主德国的臣民被套上了八万或十万立即生效的条例，可是谁也不知道它们的内容。马格德堡市长还是或者它的建筑局长面对所有这些规定，不知所措。结果导致了一系列管理部门以最快的速度储备二流西佬。这些人跑到那边，为了扮演坦戈敏德市长或者扮演施韦林建筑局长或者接管罗斯托克市就业办公室。结果使那边的人感觉到：我们成殖民地了；西佬什么都接管。过去的又不都是一流的西佬。

斯特恩：我想起这段时间出现的一个下贱词"丛林津贴"。西德人去新州工作几年，他们管为此得到的报酬叫"丛林津贴"。出于职业考虑，到东部过渡一下大有补益。

施密特：也有正面的例子，特别是在私有部门。八九十年代，我是声誉不错卓有成效的汉堡科博尔机器制造公司监事会成员。出于爱国和承担义务的考虑，我记得科博尔当年买了三家东德机器制造工厂，为的是使它们重新振作起来。其中一家在东柏林，就在马尔仓，能生产20多种机器，但只有一种机器能卖到荷兰、英国或西德，别的都不入眼，或是太贵。如果按原价三分之一销售，还能卖得动。从前的买主是波兰、罗马尼亚和捷克，用马克买机器，它们分文皆无。工厂从2000人最后减到了170人。这是强制性的，这是1:1的错误汇率造成的。

斯特恩：还是得信科尔，他对时局的纯政治估计还是正确的。我还记得1993年夏天跟科尔的一次谈话，我是科尔接见的一个德美学者小组的成员。那是一次很长的讨论，我凑巧是最后一个提问者。我说，我对西德经济有充分信心，但是担心心理上是否能统一。科尔对这个那个问题都详细解答，突然转向我，说："认为我们什么都对，他们什么都不对，这是白痴想法。"我那天记了下来。如果他哪天公开说出，会有极大的区别。

施密特：至少他对您这样说过，不能不说他有理。在民主德国生活过的人，也跟我们一样，是很普通的人，对于多数人，政治也像天气一样不可避免。他们不能改变天气，也不能改变政治。从纳粹时代起，他们就习惯了，现在用别的方式继续下来。但这不是说，人们在自己的生活地区曾经是不幸的。那里同样有过爱情、结婚、离婚、死亡、疾病，跟我们这里一样。如果从整体上看一个社会，能发现一些区别：普通人与富有的和非常富有的同代人的区别，在民主德国当然小得多，小得多。东德人1990年以后必须慢慢习惯。

斯特恩：这是一个有意思的看点。40年，大家多少一样，这个开瓦特堡，那个开特拉比，第三个等了五年，想买一辆特拉比，但基本上没有社会区别——权贵阶层是例外。1989年，他们发现政治要员们原来开的是沃尔沃，有私人医院，吃的是西德美餐，肯定大吃一惊。

施密特：实际区别要小得多。我们这儿一家大银行的头今天挣的是总理的五十倍。一家国营银行的经理挣的是昂纳克的五十倍，而且还是公开的，在当时是不可想象的。生活在一个平等待遇的人的社会里，请注意不是平等的社会，而是平等待遇的人的社会，这种感觉传播得比今天任何西方社会都厉害。

斯特恩：我再回到我们今天上午谈的：金钱在当今社会显然代表一种价值本身，有时又像是唯一的标准。在民主德国社会里金钱不是标准，什么是标准呢？民主德国个人幸福的标准是什么？

施密特：一个人30岁，刚刚开始第二次婚姻，第一次离了，第一次婚姻有一个或两个孩子，第二次婚姻将带来第三个孩子，这人不会问幸福的标准。一个人67岁，知道他可能还有三年活头，这人也不会问幸福的标准。这是一种绝对，一种抽象，可能对社会学家或者心理学家或者经济学家用得着，但是与实际生活关联甚少。

斯特恩：若真如您所说，那为什么金钱会引起嫉妒呢？照您说的，邻人的金钱和财富不应该引起嫉妒心理啊。

施密特：只要邻人循规蹈矩，他的财富就不会引起多少嫉妒心理。

但是，如今银行经理的财富引起的可就不只是嫉妒了，而是愤怒和鄙视——也包括我的愤怒和我的鄙视。高盛一家投资银行，2006年的津贴就是165亿美元。您想想：165亿美元给自己的经理和职员！

斯特恩：难以置信——"下作"。

施密特："下作"说着了。

斯特恩：我从1968年保留下来一个说词，管这种事叫"obscene"。那时经常谈起社会平等，在这关联中，"下作"成为对资本主义许多行为的喜闻乐见的说法。不过，再回到问题上来：为什么统一在心理上至今进步不大？1989年，人们在西德知道两个分离生活的德国差距有多远吗？

施密特：问着了。它们分离生活了这么多年，毫无疑问；他们不应该像几个人热衷的那样快地重新一起生活，也毫无疑问；但是走向一起生活的进程已经启动，这是第三点，也毫无疑问。

斯特恩：您对进程速度满意吗？

施密特：本想再快点儿。我又要给您讲一个亲历的故事了。故事发生在1989—1990年的冬天。我应邀到罗斯托克市政广场演讲，一个有中世纪建筑的非常漂亮的广场。我对集中在广场上的罗斯托克人说，现在要来的都是好事；但你们同时也要知道，这是很困难的，你们需要一个就业办公室，因为你们会失业。我对他们无情地讲了我当时对未来经济发展的评估，根本不知道发生了什么效果。一位汉堡的朋友彼得·舒尔茨[①]在场，后来告诉我，对于那些人，我的估计犹如兜头一瓢冷水，但是他们能感觉

[①] 彼得·舒尔茨（1930—），德国社民党政治家，1971—1974年任汉堡市长。

得到，这人至少说出了实话。那时这样的话很少听到。这是民主的一个缺点：政治要想顺乎民意，只有成功地把民众拉到自己一边来，并由此形成一种巨大的诱惑。本来就是这样，以后也是这样。

斯特恩：统一带来极大的快乐，一段时间内，双方都兴奋之极。另外，"人民"也期待知道真相。

施密特：也许一百个人里有俩仨由于不同的原因会闹肚子。但是人民大众——不管哪个阶层的——对此非常满意。

斯特恩：那是最初！

施密特：可惜他们没有听到他们总理的流血、流汗或流泪的演讲。

斯特恩：据说，您到《时代周报》编辑部说：现在是作热血、辛劳、眼泪和汗水演讲的时候了。

施密特：是有这么回事。

斯特恩：还说科尔没有勇气作这样的演讲，不打算要求西部的德国人作出牺牲，是一个致命的政治错误。

施密特：是的。但我不是唯一这样要求的人。格尔德·布策留斯①、玛丽欧·顿霍夫、卡尔·施勒②、梯尔·奈克尔③，当时是德国工业联合会会长，我想起来的就五个人了，我们都认为，现在必须制订一项法律，向德国人民加征一笔沉重的税，以便我们能在民主德国建立秩序。科尔政府拒绝了这个建议，却加征了一笔临时的团结附加税，后来取

---

① 格尔德·布策留斯（1906—1995），德国基民盟政治家，《时代周报》创始人之一。
② 卡尔·施勒（1911—1994），德国社民党政治家，1966—1972年任联邦经济部长，其中1971—1972年兼任联邦财政部长。
③ 梯尔·奈克尔（1930—2001），1987—1990年、1992—1994年任德国工业联合会会长。

消了，再后来又恢复了。这说明，科尔政府或者不知道需要多少钱，或者打算对人民隐瞒真相，并希望有一天能过了这一关。当然这些都过去了，有时候批评很容易。

斯特恩：不是。人们知道，如果您当时有权威将上面说的建议付诸实践，结果会天差地别。

施密特：我同意您说的，我似乎没有权威，但有张老脸皮硬性推行改革。

斯特恩：道德权威……

施密特：好吧，就算我做了，但到头来人们也会说，我们不想要这个了。这样的事我经历过，知道是怎么回事，不是在经济领域，而是所谓的导弹装备领域。

斯特恩：但这是一个德国的错误，恕我直言，这样的错误在历史上起了非常糟糕的作用：不接受现实——我又回到尼采了。

施密特：尼采在世时，人们也掩盖了真理。我同意您说的，德国人在这方面有种特别的传统。但我还得补充，所有民主都有一个弱点，当一个政治家对民众说真话时，他当选的机会就会明显减少。

斯特恩：我把您的论据掉过来：一个政治家是否有义务对人民讲真话？您有一句妙言，一个政治家必须想到他要说什么，但是他想到的未必都说出来。在事关国家利益时，就不是他是否当选的问题了。这时他必须有担当，把不受听的真话讲出来，即使这样做会丢官交印，也在所不惜。

施密特：他不能说他认为不真的话，在这一点上您说的没错。他绝对没有道德义务，把他认为真实的话全都抖搂出来。另外，政治也同日常生活一样，允许被迫说谎，所谓"白色谎言"。

斯特恩：现在我们又回到了老先生时代，说来说去，当为了国家利益必须说真话的时候，这种道德减弱了，还是一如既往？您的印象如何？今天政界也像从前各个时代一样既有道德楷模也有不受道德约束的人物吗？或者政治这行已经变得"白色谎言"和顺着人民说好话的越来越多了？一言以蔽之：政治家恪守道德难度加大了吗？

施密特：我不这样看，凭什么难度会加大？

斯特恩：在统治者宝座前讲真话绝非偶然成为世界文学的题目。如果您被邀请加入某个影响很大的名人高级顾问圈，您知道，如果您说某些事情，下次您的名字就不在邀请名单上了，您是会考虑您要说什么吧？或者不会？

施密特：可能会这样，但对弗里茨·斯特恩不会。

斯特恩：承蒙褒奖，欣然接受，但不知是否当之无愧。

施密特：您当之无愧，弗里茨。

斯特恩：十分难当！

施密特：请让我再回到您的政治家道德的问题上来。人被选进议会，无论在美国还是欧洲，平均年龄在三十几岁，不能太小了，有例外，但通常是38岁、40岁、42岁，就是说，成年人。这人还没明白议会里等着他参与表决的是什么，参与表决就是说通过一项法律或一个申请需要多数票时，或者拒绝一项附加申请时，他要投他那一票。年轻的议员以前根本不知道这些都是什么样子，而是在议会学徒期间逐渐知道的。出师期里他也逐渐明白了，说实话是他的义务，但他没有义务说出他还知道什么、还有什么跟别人不一样的想法。这就是说，在议会现实的实践比照中，他才逐渐认识到，他在议会的工作需要道德。这个不能从理论上学习。一个道德哲学家，伦理学家，他可以写这方面的书，但他本人如果陷入困境，是否会照他写的行事，是完全不同的问题。

政治家，联邦议会的 600 名议员，他们在出师期才开始学习这个，有些人可能更迟，有几个肯定永远不学。

斯特恩： 如何解释议会党团统一投票义务？这个可以在某种意义上解脱政治家的责任。个别议员简单服从党的纪律就全齐了。

施密特： 又是又不是，又不是又是。因为议会要作出的决定，需要多数同意。只有动员说服别人，或者向他们作出妥协，才能形成多数。在第二十七条 B 款里，我准备接受附加条款，在第十六条 C 款里，我准备去掉第三句话。我可能争取到了一个对立面的人，但另一个人有别的顾虑。这就要达成妥协。一旦达成妥协，就押定所有的朋友也真会同意。如果在预投中发现，朋友们没投赞成票，不但妥协白费了，而且议会也不灵了。结果是形不成决议。所谓议会党团统一投票义务，正如报纸一再描写的，在一项法律需要多数票时，就是必要的了。这个只能在自己内部严格的纪律下才行得通。如果是小型议会，比如说 36 个人，就简单多了，您可以用论据说服别人，但是您试试说服 600 个议员！团体越大，论据的力量越弱。人越多，接受论据的就越少。

斯特恩： 这就是说，您一生里担任国家的所有职务中，您特别钟爱议会党团主席一职。您在 1967—1969 年间担任此职，那时正值大党联合执政，您的对手是基民盟、基社盟的莱纳·巴泽尔[①]。从这时起，您特别看重他。在贵党这个

[①] 莱纳·巴泽尔（1924—2006），德国基民盟政治家，曾任基民盟—基社盟议会党团主席和基民盟主席。

"纪律检察官"的位子上,特别让您着迷的是什么?

施密特:我肯定不是一个"纪律检察官"。一方面,我没有一个给我灌输"政治路线"的上司;另一方面,我却有一百多个上司,他们就是我的整个议会党团——这么多人讨论,最后形成明确的多数和尽可能小的少数,这让我很开心。

斯特恩:在美国国会里,一个议员在重大问题上投自己党的反对票的事实属罕见。出现这种情况,很多案例都是可圈可点的,投反对票的前提是一定的独立性,是勇气……

施密特:特别是明知议案会被通过,还是投了反对票,就更可圈可点。

斯特恩:赫尔穆特,为什么会玩世不恭,不屑道德?

施密特:我非常重视政治家的道德,但我尽力给您做一点儿实践导引。民主和议会都是人设立的,带有人的各种弱点。尽管这样,老丘吉尔还是说,民主毕竟比我们从前试过的种种要好。这绝不是理想的,而是非常人性化的事情,带有很大的危险性。

斯特恩:但是危险性在增长。原因很简单,因为金钱起了极大的作用。我们今天上午已经谈到:选举是否应该国家买单,或者像在美国那样私人募捐亿万,以满足期望和利益做交换?

施密特:在今天的局面下,与金钱俱来的还有更大的危险。世界经济危机导致几乎所有民主国家的议会都要多支出非常多的钱,多承担义务,即所谓的担保,这远远超出了议员们的理性底线。但他们根本不会忽视,是否该对抵押房地产银行(Hypo Real Estate)这样一个烂摊子……

斯特恩:通用汽车……

施密特：通用汽车不是烂摊子，我认为用"烂摊子"这个词形容汽车制造业太过分，但是抵押房地产银行，又是本金：这些都是一个联邦议员不能忽视的量级。就在同一天，为了涨一点点月工资而斗争的幼儿园教师们，被他们的政府雇主拒绝了。这对于一个普通议员几乎不可思议，尽管这样，他还是跟着投了一票，因为他相信他的议会党团或经济发言人的专家意见。事后，《商报》或者《法兰克福汇报》就会报道，他出自议会党团纪律跟着投了赞成票。扯淡！他跟着投票，是因为他本人对事情无所知，或者不知道该怎么做。

斯特恩：这准是让不少人晕眩的新尺度，但是本质上看，这种问题贵国到处都有。一个月薪几百欧或者几千欧的银行小职员，也是要每天面对难题，必须判断哪里多了几个零之类的复杂关系。

施密特：说到钱，一个普通议员会逐渐明白 100 万这个数字。他能感觉到，一座桥值 6000 万，一个隧道 8000 万，融资不能一年给足，而是要分三年付清。2008 年 10 月以后，没有一个政治领导人再说几百万了，张口就是几十亿。不管普通议员懂不懂这是多少，他慢慢就习惯这样的数字了。

一个每天要向银行普通客户销售联邦债券以维系国家再融资的机构，通常每天业务是几百万、几个亿。我想，眼下他们只说几十亿了。说半个，根本不用再说亿字，就明白是 50 亿了。说 3，就是 30 亿。一个在他家乡选区不能为修理阿登纳街小学破房顶作主的人，现在要为这样的数字作出决定。

斯特恩：到头来他还得投票赞成给几十亿！

施密特：没错，他是这么做，但是这事拖得越长，退出的人就越多。

斯特恩：退出？

施密特：是的，退出的时候说：我不跟你们投票了。我去跟绿党或者左党或者别的什么党投票去……

斯特恩：就是说，我们从未见过的大幅度的幻灭？

施密特：我说的是议员害怕面对他们自己的责任。对自己把握不了的事情负责，长此下去是沉重的负担。

斯特恩：问题终究是，民主制度下的民众还能忍受多久？这到底不仅仅是个别议员什么时候退出的问题。我从一开始就这样理解您说的"退出"：拒绝一个社会的"退出"最终会拒绝一种体制。

施密特：不是，我不是这个意思。我真的认为，一个拒绝服从纪律、拒绝投赞成票的议员，可能会离开他的党。民主最大的弱点和危险也包括：谁要想统治，就得让人民感觉舒服，包括财政政策……

斯特恩：首先是财政政策。许多美国人非常反感纳税；可他们不知道，他们多么依赖国家福利，包括日常生活里。

施密特：政治家要为各种救助措施背书——欧宝或是科伟乐或是报废津贴——希望这样做会给他带来选票。账单后到。眼下能帮助政治家的，是国际环境，原则上所有大国都以类似的方法应对危机，不管是民主国家还是权威统治的俄国还是共产主义统治的中国。如果所有这些政府都没能提出并执行具有传奇规模的刺激经济发展计划（而使自己背上巨大的国债），则今天德国会有500万失业人员，法国会有500万失业人员，中国会有5000万失业人员。世界各国采取的做法都是，推行大规模刺激经济发展计划，迫使各国央行通过开放货币发行量帮助计划落实。各国全都这么做了。我把这看做一桩幸事，因为从 1929 年到 1932 年，各国几乎都不是这么做的，总之做错了。

斯特恩：正是！那时还有一个很大的"经济误区"。大多数人相信，治愈忧郁症的正确方法是通货紧缩，即少花钱、多支出才能刺激经济、遏制失业的想法，只被极少的人理解。但是——现在是我向您提出的问题——毕竟有一天要结束借债。德国人刚刚把债务底线写进宪法。

施密特：这您不必当真。从来没有一个从来没负过债的国家。刨除石油盈余国阿联酋和沙特阿拉伯。这不是说，国家可以任意借债。因为每一笔过量国债都要支付利息，而且总有一天要偿还，最终都会导致货币发行量和购买力扩大，特别是央行像现在这样配合的话。所有政府债务过量造成的最终结果是物价上涨的通货膨胀运动。这是不可避免的。两次世界大战所有参与国都是如此，当前的经济危机之后，如果能克服的话——问题是何时——也会如此。结果是通货膨胀式的发展。这是躲不开的。

斯特恩：美国的发展不太一样。在小布什治下，八年里国债增长……

施密特：这在里根时代就开始了。在这种关联里，就要大大表扬克林顿的八年了，那时美国的收支被调整规矩了。

斯特恩：我想说，小布什从克林顿手里接过的是规矩的预算，留下的却是大笔赤字。然后还要炫耀他是保守党人！

施密特：美国政府在里根时代第一次显露出来的致命的弱点是外债。一个政府的债务在本国人民手里，是它自己的事；

但如果美国政府欠中国人两万亿美元，欠日本人一万亿美元，又欠法国人和德国人总共一万亿美元，还欠瑞士人、俄国人和欧佩克人的债，问题就大发了。

斯特恩：自己家里的债，如果可以这样说的话，是给后代的负担。如果欠别人这么重的债，就是可以被要挟的了。这对于美国这样的大国……

施密特：眼下理论多于实际。

斯特恩：眼下。

施密特：是的，比如眼下中国人绝没意向把外汇储备的两万亿美元卖给谁，换成欧元或人民币现金。

斯特恩：只要利率合适，只要投资相对安全，中国人也许不打算卖给谁。美国的利率比全世界任何地方都高。但是如果利率上升，这会很快成为美国经济的沉重负担。

施密特：对，肯定是。

斯特恩：恢复正常的一个重要前提是，美国要学会建立起好点的进出口平衡。眼下美国人什么都从国外买，没能力把自己生产的货物卖给外国。由于国内市场巨大，美国人至今没有为世界市场生产的紧迫感。

施密特：无论如何他们没有特别的紧迫感。有两个例外：美国军火工业和飞机制造工业。

斯特恩：但是，美国的问题不仅仅是外债。不能忘记——这将延长危机——，美国私人也是债台高筑，可以说是靠借债过日子。世界金融危机从美国房地产爆发，绝非偶然。我们也绝非面临危机尾声。我想，奥巴马上了正道，希望如此。无论如何，他在竞选时有勇气向选民介绍形势之严峻。很少的政治家敢于这么做，因为他们知道，通常这不是赢得下届选举之道。

施密特：言之有理，不论在美国还是德国，一个有责任心的政治家不会都没有深思熟虑就站出来，告诉他的人民，形势如何糟糕。不过，这与竞选无关。假如您是一位大夫，您面前是一位病人，你知道，他患上了癌症，睾丸癌。癌细胞蔓延到他身体的最后部分，可能还要很长时间。您必须告诉他：你长癌了。但是我想，您作为医生不会告诉他：就你的情况看，我想，你还有两年活头。作为大夫，您不会这么做。政治家现在的处境类似这样，告诉病人他的情况何等严重，而大夫无能为力，这无异于减少病人的信任。

斯特恩：不过对奥巴马，我想马上补充：他可不是仅仅暗示，实际上多次说明危机如何严重，同时端出他的刺激经济计划，他要执行这个计划。两者兼施，明确指出形势的严峻，同时采取全面措施，75年前在富兰克林·罗斯福手里已经灵验了一次。危机非常非常严峻，不过"我们唯一担心的，是我们自身"。这次也会成功地把人们动员起来。我们能做到，我们有计划。我相信，奥巴马正在做。美国人当然愿意买中国东西，因为比爱达荷的东西便宜……

施密特：他们现在甚至买中国汽车了……

斯特恩：在这一关连中，我担心的是，可能会出现一种新的美国民族主义，借口经济形势不好，要求美国人只买国货。

施密特：快了，在美国比我们这里明显，但德国也快了。贸易保护主义将在议会蔓延。国内工业的说客会出大力花大钱说服议员们——在进口法规里这里加一个小条款，那里附加一个小条件——一定要确保人们优先使用国内产品，而不是外国产品。

斯特恩：这对世界经济将是一场大灾难。

施密特：这样做绝对有害，您今天就能看到。就目前看，尽管危机，今年，2009年，全世界社会产值仍然将增长1%。但是国际贸易量却减少9%。这就是这种贸易保护主义做法的表达方式。

斯特恩：贸易保护主义不仅是自由贸易的终结，贸易保护主义还将挑战自由市场制度，即挑战今天版本的资本主义制度。

施密特：我不相信，贸易保护主义会在全世界获胜。另外，我会谨慎使用"资本主义制度"这个概念。"资本主义"这个词源于马克思，就是一个马克思主义概念，从一开始就让许多人不爱听。多数不是美国人，美国人认为，他们的经济制度是资本主义的，我们称之为市场经济的，他们叫资本主义。但一个德国人使用"资本主义"这个词会误导。德国的经济制度不是资本主义的，大部分是竞争和市场经济，还有一部分是福利国家。100个德国人里有25个是政府国家退休人员，其他人养活这25个人，一部分靠资本主义制度，靠市场经济，一部分靠市场参与者，绝大部分靠市场参与者里的员工养活。但是全部德国人里25%拿国家退休金。我不知道有多少人拿国家的社会救济，多少人享受国家医疗保险。我们这儿有一块市场经济，就是您说的资本主义部分，那儿有一块福利国家，中间是一个公共走廊。德国所有大学都是国立大学，最近才有了3%例外。剧院是国立或市立设施，交响乐团全是国立乐团或者属于为公众服务的广播电视机构。国家建造并维修道路和高速公路，国家建造并维护学校，国家养活教职员工，等等，等等。德国国民经济总体不是资本主义制度。在美国，市场经济这块非常宽，公共走廊比我们这里窄，窄得多，福利国家那块比我们这里小得多。美国人有理由说他们的国家是资本主义国家。

斯特恩：美国如今陷入了巨大的危机，也陷入了道德危机，形形色色的腐败到处蔓延。在欧洲过去对资本主义总是存着某种戒心，在美国资本主义气势汹汹，铺天盖地。您刚才描绘的模式或多或少也适用于全部欧洲大陆国家吗？第一、第二，从什么时候起适用的？

施密特：无论如何适用于斯堪的纳维亚各国、荷兰、比利时、法国、意大利、德国、瑞士、奥地利。至于波兰、捷克共和国、斯洛伐克共和国、拉脱维亚、爱尔兰、立陶宛、匈牙利，它们都在努力效仿这个模式。它们在将近20年前开始这样做，条件非常艰难，经历了无数挫折，到今天相当有成效。我不能判断，这个模式在多大程度上适用于巴尔干各国，但肯定适用于希腊、西班牙和葡萄牙。

斯特恩：到现在为止，您把英国忽略了。

施密特：因为您问的是欧洲大陆。英国是另一种情形。在英国，撒切尔夫人大大压缩了福利国家这一块，一个英国退休人员只拿到德国退休人员的一半。这是件很糟糕的事。英国的公共走廊，不管是英国邮政，还是英国铁路，或者是英国医院，效率全都不高。所有这些，全被冷落了。与此同时，自由的市场经济这一块大大扩张了，在这一块里面，金融业大大扩张，负担却落在了制造业上，但这不是撒切尔夫人的罪过。

斯特恩：从历史上可以看出变化之快：100年前英国还是全世界的

车间。后来，贝弗里奇勋爵和1945—1950年的第一个艾德礼内阁大大扩展了公共走廊这一块，直到撒切尔执政。

施密特：我们已经谈到欧洲这个题目了，本来安排明天谈的。弗里茨，我说，咱们下酒馆去。

第三天上午

医生——美国医疗卫生制度——人道主义干预——建国——伊拉克——国际派兵——欧洲新的战争观念——美国克服仇外心理——去加拿大旅行——马克思主义——历史上德国的社会民主有多么马克思主义？——马克思主义的历史意义——工人运动史——贝弗里奇计划——社会正义——魏玛的终结——整体失败——民主开端——联邦共和国早期的右翼思潮

斯特恩：昨天死亡的三名德国士兵会给出兵阿富汗的讨论开辟一个新局面吗？

施密特：这个我不知道；因为是三个人，不是90人的整整一架飞机，德国观众接受起来可能相对淡定一些。不过，这种淡定当然会越来越薄，直到最后消失。是否淡定现在就让位给焦虑和批评，这个我说不好。我想作一点技术说明，我一只眼发炎了，整夜不让我睡觉。今天大夫来看看，到时候我出去10分钟，事先请求原谅。

斯特恩：没问题，深表同情。

施密特：这是年龄的伴生现象。

斯特恩：我知道这个。您听说过俾斯麦的故事吗？

施密特：不知道。

斯特恩：他恨大夫。一天有人告诉他：柏林有一位非常年轻的大夫，确实特别好，他能帮助您。大夫来了，问了几个问题。俾斯麦对他说："我讨厌被问题骚扰，特别是被大夫。"——"那您得挑一位兽医！"

施密特：因为兽医反正习惯了跟牛打交道！

斯特恩：不问牛了。我很想成为医生来着……

施密特：这在您家里是理所当然的。

斯特恩：理所当然，不过也有兴趣。可悲的是，我对自然科学一窍不通。但我能想象，我会发明一种直觉诊断，而且会伺候人。我的意思是，我能像从前的大夫那样帮助病人，这正是今天美国大夫缺少的，由于时间原因或别的什么原因，缺少人性。今天的医疗是跟从前完全不同的医疗，更多依赖化验和器械，人性减少了。

施密特：是的，你们美国有一种独特的两种等级医疗，比世界上别的地方更突出。出得起钱的人得到善待。

斯特恩：也不尽然。出手大方的能做特别化验，能做更多的仪器检查，但是仍然得不到人性的温暖和照顾。

施密特：原因何在呢？

斯特恩：医生会说，在于过多的官僚主义，他们得花很多时间跟保险公司打交道。原因当然更深，我认为，美国的医学教育需要转变思想，转变为人类医学，把人作为整体来看。这已经有了积极的迹象。

施密特：医生与病人之间的个人联系也消失了。我觉得，原因之一是医疗技术的巨大进步；由此破坏了医生—病人关系。

斯特恩：完全同意您的见解。对医疗技术进步的相信，不能替代医生和病人之间的信赖关系。没有什么能替代对一个生病的人的人性治疗。

施密特：没有，没有能替代人的。

斯特恩：这些我都可以说，不仅由于我的家庭史背景，而且因为我很幸运有一个第一流的心脏病专家，他同时是一个人。这是一个非常大的差别。这跟钱没多大关系，重要的是在一次心肌梗塞之后形成的友谊。令人欣喜的还有，在美国近十年来人们所说的另类疗法应用越来越多。从历史和文化的角度看很有意思的是，中医在美国发展有哪些可能性。

施密特：不过，另类疗法也加强了两种等级医疗的趋势。

斯特恩：我认为，奥巴马现在抓的美国卫生制度改革里，人类医学和另类疗法这些概念完全可以发挥作用。本质上当然是别的，是大多数美国人，千百万美国人，没有上保险，也没有用于求医的储备。如果一个美国人在大街上摔倒了，或者被汽车撞了，由门诊转入就近的医院，他就撞了大运了，因为通常他会马上得到治疗。但是谁如果两条腿走进医院，说这儿疼那儿疼，先就会被问道：您有保险吗？如果没有，就会被拒之门外，或者是：您坐那儿等着吧。这一等可就长了。

施密特：我说的美国特别突出的两种等级医疗制度，就是指这个。

斯特恩：但是据我所知，德国也开始向两个等级医疗制度迈进了。

施密特：全世界一直都有两个等级医疗制度，如果只有两个等级的话。

可是在德国，我们在这里生活的全体8000万人都有医疗保障，尽管存在种种缺点，但与国际标准相比，仍是第一流的。与各主要国家相比，大概只有小小的瑞士相似，比美国好到天上去了，比英国也好得多。如果您在英国病了，进了一家公立医院，这以后您就得想方设法赶快从那里跑出来。

斯特恩：撒切尔夫人！她要对福利国家的萎缩负责："There's no such thing as society"。

施密特：类似被冷落的还有英国铁路和英国的整个公共福利这一块。这不对，弗里茨，我在美国生过病，在日本生过病，在英国也有过这种经历——在德国您得到的是最好的治疗！对人民大众是这样。

斯特恩：另一方面也得说，遇到外科和脑科严重情况，美国的医学……

施密特：美国医学的尖端同时也是世界尖端，没说的，一半以上的医学研究和医学创新要归功于美国人。这个没说的，只是躺在医院病床上的小百姓分享不到。

斯特恩：我刚才也说了：技术和科学的进步也导致了今天的医疗不如从前人道。

施密特：人越来越老了，因为现代医学，因为今天工厂和办公室的工作条件，因为现代卫生，纯净的水和无毒的食品——因为所有这些因素一起发挥作用，我们社会的老化就是不可避免的了。人活得长了，最后五年需要的医疗帮助比以前75年都多，以前只是偶尔去看病。这意味着，医疗费用只能增加，不仅绝对数字增加，而且在国民收入中的比例、在社会产品中的比例也要增加。这是完全不可避免的。

斯特恩：我对老伴说过，我放弃生命的最后几年。主要是考虑到花费和病痛。只是计划执行起来没那么容易。

施密特：您刚才说的美国卫生制度改革，我看奥巴马会遇到许多抵制。

斯特恩：这肯定会导致社会内部的严重冲突，对于奥巴马是一场大战。

施密特：克林顿手里已经输了一局。

斯特恩：没错。大部分似乎是希拉里的错误造成的。反对党很强大，它的立场是，我们一向自力更生，我们不需要国家。国家越少越好。另一面则清清楚楚，就医疗卫生而言，我们生活在一个不公正的国度。本来从罗斯福新政以来就看清楚了，而且改革不断。最后一次是克林顿政府的努力。强大的反对力量由两个方面组成，一方面是一部分反对国家监督的医生，他们张口就是"公费医疗"，好像这是天下最糟糕的事似的；另一方面是制药工业和保险公司。两者都有豪华的说客团。

施密特：没错，还有政治舆论，国会里肯定有大批保守党人认为改革太过分了。

斯特恩：正是这样，他们高喊：这会造成依附！

……

施密特：自由受到威胁……

斯特恩：自由受到威胁，会导致"社会主义"。美国人根本不知道"社会主义"是什么。卫生改革在群众中得到广泛支持，但必须把群众动员起来，这正是政府眼下在做的事。正是因为卫生政策，我和1000万美国人一样，收到奥巴马大量邮件：弗里茨，我们需要您的帮助，请您跟您的国会议员和参议院联系，告诉他，这个问题对您有多重要。直接求助群众支持某项政策，历来是美国总统的权力。但是只有今天才有可能一下子给1000万人发邮件。

施密特：咱们这单子上还有一大堆关键词，弗里茨，先不谈卫生改革了。您刚才问我死在阿富汗的三个士兵。您知道，我对所谓的人道主义干预一向不以为然，更不……

斯特恩：这个我可要反对了。对待违犯国际法的罪行，比如像苏丹那样今天如此常见的罪行……

施密特：这是违犯国际法的罪行吗？您对国际法的理解可能不太清楚。

斯特恩：那我就说违犯《联合国宪章》……

施密特：一个联合国成员国违犯宪章就是违犯国际法。

斯特恩：我正是这个意思。

施密特：这会导致联合国安理会通过决议，进行干预。即使安理会通过的干预决议，也往往由于沦为追求帝国目的或别的大国政治目的的手段。因此，我怀疑毫无例外地拒绝干预，但明显克制。另外，这些干预全都倾向于强制性地永久化。我举一个典型的例子，波斯尼亚、黑塞哥维那和科索沃。现在已经十年多了，仍不能从那里撤出军队，因为大家都知道，撤军后继之而来的将是内战和混乱。伊拉克也是这样，阿富汗也是这样。因此，我有疑虑和保留。顺便说一下，科索沃、黑塞哥维那和波斯尼亚不是由联合国决议的。

斯特恩：不过，一旦安理会通过了决议，就形成了法律。《联合国宪章》与国际法是一致的。

施密特：对。但这并不意味着，我的国家必须参加。安理会不能强迫任何国家派兵去苏丹。

斯特恩：如果回首1994年令人发指的卢旺达灭绝种族大屠杀或者一年后荷兰部队在斯雷布雷尼察的不作为，只能一不做二不休，伺机尽快撤出来，而且行动必须由安理会出面。

施密特：由安理会出面已经是权衡大国政治利益了。例如美国有干预伊拉克之意，就设法把安理会拉过来。当知道会被一票或两票否决时，就放弃了这种想法，因为决议将是禁止干预。在联合国安理会里，外交政治策略和大国利益也起着巨大作用。世界就是这样！这也是我认为德国和日本没有道理一定要成为安理会成员的原因之一。我们凭什么要承担额外的责任？

斯特恩：难道不能另外组织不需要军事伴随的人道援助？比如由联合国赞助，一些国家在"我们不会允许世界上这里或那里数千人挨饿，仅仅因为有否决权的大国不能片刻把自己的利益放在后面"的座右铭下联合起来。还可以设想通过军事援助更多地支持"无国界医生组织"之类的组织。各种模式证明西方不仅仅追求帝国主义目标，也有向善的意愿，这样的模式也是可以设想的。我相信，在采取最后不得不进行军事干预之前，还有许多手段可供选择。

施密特：但是，面对一个暴力政权，这些救援组织，不管是"无国界医生组织"还是国际红十字会组织，都不能制止战争。也不能强迫这些组织投入。

斯特恩：但是国际红十字会组织在两次世界大战以及20世纪其他冲突中的工作取得了很多成效，即使还不够，也必须轻装上阵，再接再厉。

施密特：它们认真履行了义务，但还不够。每场战争都是残忍的，红十字会的人也无能为力。

斯特恩：国际红十字会组织的作用，特别是在"二战"中的作用的评价，历史学家中间大有争议。他们怎么对什么都轻信？特别是对第三帝国！尤其是卡尔·布克哈特①的角色，引起了激烈争论。我没资格对此作出判断。但是，在红十字政治上的失误之外，不应该忘记男性女性救护人员的伟大的人道主义功绩。红十字毕竟在战争和迫害条件下维系了家庭纽带。

施密特：我们再稍微谈谈出于人道原因对外国进行军事的或由军事支持的干预这个题目。弗里茨，我问您：如果您把儿子送到那里去，他却成为锌棺里的尸体回来，您今天的

---

① 卡尔·布克哈特（1891—1974），瑞士历史学家，1919—1945年任国际红十字委员会主席。

推断会小心些吧？

斯特恩：是的。职业军队有没有选择的余地？

施密特：职业军队也没有义务为人道主义承担风险，而是根据宪法有义务保卫德国。宪法没让德国士兵到中亚去死。在阿富汗事件中，联邦德国是跟别的根据联合国安理会决议出兵消灭基地组织的国家结伴而行。这是目的。我们的部队不在联合国指挥之下，而是事实上根据法律受在阿富汗的美国领导指挥之下。

斯特恩：阿富汗是另一种情况，我们说的是人道主义干预。

施密特：从宪法角度看，阿富汗是可以的，因为出兵符合德国议会批准的《联合国宪章》。波斯尼亚问题不是这样，黑塞哥维纳问题不是这样，科索沃问题不是这样。对前南斯拉夫的干预不符合宪法，因为没有联合国的决议。

斯特恩：但是，假定安理会准备通过一项决议，出于人道主义出兵干预苏丹，联邦政府被询问，联邦军特遣部队是否可供调遣？

施密特：要是我，就回答：现在够了，我们有几千兵在这里，我们有几千兵在那里，再多办不到了。这是我的回答。此外，我已经说了，每一场战争都是残忍的。空袭贝尔格莱德时，中国大使馆被"意外"炸成瓦砾和灰烬。空袭一个开放的城市：这是战争中发生的事。您看看阿富汗。目标是捣毁"基地"组织的基地。目标实现了，基地组织从阿富汗消失了，迁到了巴基斯坦。今天对塔利班和罂粟地作战。除此之外，还尝试把阿富汗建成起一个国家，那块地方 3000 年来几乎从未有过的国家。

斯特恩：美国正在进行一场逐渐成熟的关于建国的大辩论。美国人的任务……

施密特：笑死人，阿富汗国家不存在！

斯特恩：我不过是说，美国现在出现了一场辩论，辩论这个国家的建设是否该从美国的利益出发。

施密特：而我认为，在美国之外，建国早就成了一个概念。特别是撒哈拉以南非洲，1945年以后，由于殖民大国必须放弃他们的殖民地，把以前的殖民地界线变成国界，因而出现了一系列国家。无论是葡萄牙还是英国或者法国，没有一个殖民大国体谅过那里的宗教、部落归属、语言和民族属性。这就使今天的国家成了不同宗教、语言和部落的混合物。那里的领导人谈了30年建国，当年赞比亚总统和津巴布韦穆加贝先生的讲话犹在耳边。他们都谈建国，这个可以理解，只是毫无希望。整个非洲只有两个民族通过历史的发展形成了合法的国家，一个是埃及，一个是埃塞俄比亚。别说了，这不是华盛顿的白人或者巴黎的或者柏林的白人对黑人说他们应该怎样治理他们的国家的事……

斯特恩：不是他们如何治理人家，但如何制止流血却是他们的事。在美国，建国思想与伊拉克问题结合起来，又时髦起来。大骗局之一是，伊拉克战争伊始就声称，要在伊拉克建立民主制度，从那里造成积极的多米诺效应，给整个中东带来民主。抽风！然而在美国有许多人相信了这些疯话，特别是新保守党人，他们马上就有权执行这种理念：给伊拉克人民以民主！

施密特：没有伊拉克人民，只有伊拉克住民，其中一些人是什叶派穆斯林，他们准备为此上街，另一些是逊尼派穆斯林，他们也准备为此上大街。这两派都讲同一种阿拉伯语。第三种是库尔德人，讲另一种语言，他们准备为此上街并且开枪。这不是一个民族，这是一种误读。这里是英国的托管地，"一战"后完全任意划出的边界。今天是一个国家，美国人想象，可以造出一个民族来。真正好笑！

斯特恩： 如果美国真的撤出伊拉克，自然会导致混乱局面。但是，正如他们当初是为了所谓国家利益进入伊拉克一样，他们首先也应该从本国利益着眼决定撤军。究竟尽快撤出伊拉克符合国家利益，还是留下一个尽可能强大的伊拉克符合国家利益，只能在两者之间权衡取一。

施密特： 我想对这个问题补充一点参考资料。一直到冷战结束，联合国作出的有关人道主义军事干预的决议微乎其微。90年代，具体是从1992年起这种决议突然大幅度增加。与此同时，"一战"以来出现了一种意识形态的转变。直到"一战"，对于任何交战国的任何一个士兵都是不言而喻的：这是我的国家和我的皇上或国王的利益，我必须服从。没人考虑过人性或人道主义，没人想传播民主，只遵循单纯的国家利益。朝鲜战争已经纯涉意识形态了，即阻止国际共产主义扩张。今天建国是一种意识形态。

斯特恩： 补充一点两极世界结束以来冲突局面的变化。那以后也有过一些冲突，关键词如车臣或奥塞梯，西方无从下手甚至无从考虑干预。普京近十年在高加索的所作所为……

施密特： 这可不是从普京开始的，叶利钦治下就开始了。车臣这个例子是**反**人道主义动机的很好的例子。在勃列日涅夫时代或赫鲁晓夫时代，美国或欧洲没有人想到过，万一车臣出现内战，便以人道主义理由出兵干预。如今赫鲁晓夫不在位了，勃列日涅夫不在位了，戈尔巴乔夫不在位了。西方一直没认真考虑过，必须以人道主义理由出兵干预这里。因为剩下的俄罗斯还是太大了点儿，不好对付，此其一；还因为这远远超出了西方的实力，此其二。

斯特恩：我一直想找出一个20世纪的例子来，由人道主义或国际法的角度成功干预某个国家，使该国后来解放了，或者有好点的机会发展了。我想，许多美国人，无论如何在上届小布什政府的拥趸里会有许多人说，德国和日本，这是建国的经典例子。

施密特：对希特勒政权的厌恶在罗斯福决定美国参战时起了重要作用，这无疑是正确的。

斯特恩：厌恶是肯定的，也觉察到德国的危险，但最终还是希特勒自己把美国拉进了战争。我的问题是：只能接受专案决定人道主义干预，或者有可能——我想到1907年海牙陆战规定——规定几条这种干预的条件和若干限制？

施密特：当今世界有200个国家，可能至少有3000个种族。不算欧洲、俄罗斯和日本民族，在几乎所有种族里，人口增长幅度极大。今天全世界有70亿人，109年前只有16亿。到处都在极快地城市化，就是说群众化。另外，还要加上有多种可能把群众调动起来的电子技术进步。

斯特恩：但是，这并不意味着以前更容易预测、阻止、预防冲突，采取预防措施……

施密特：对，从前一点也不容易。再说统治者根本没往这儿想，他们没有想方设法制止战争。

斯特恩：战争被看成最后的手段。

施密特：而且是人类命运中必然的一部分。

斯特恩："一战"在这方面却分裂了欧洲。战争结束时，少数人倾向于和平主义，多数人，特别是在德国，仍然相信，战争是政治的一种手段。

施密特：1939 年，"二战"爆发时，我 20 岁，对战争的看法理所当然跟 25 年前我父亲一样：祖国在打仗，我们得尽义务。人们理所当然地接受战争。极少的人想过，这实际上并不是他们的义务。

斯特恩：美国历史学家吉姆·希恩写了一本关于 20 世纪欧洲暴力经验的重要的书，书名是《士兵都去哪儿了？》他的命题是，两次世界大战的经验导致 1945 年后欧洲文明社会里，和平占了压倒优势，甚至变成和平主义的了，因此没有力量再进行军事干预。为此付出的代价是，作为一个强权政治主角的欧洲实际上已经退出舞台。

施密特：也可以换一种表达。欧洲国家的活力急剧下降，参看生育率。不是仅仅向和平主义转变，而是总体活力下降。这种现象局限于欧洲大陆，它在两次战争中遭遇极大不幸，活力相应降低了。是否永远会这样下去，尚未确定，但眼下是这样。

斯特恩：不只是一个活力问题，而且也是一个心态问题。在大陆欧洲人里，特别是德国人里，军队的威望、战争的理想已经消失殆尽。

施密特：也可以原始一点表述。如果我不行了，而且我知道我不行了，那我也就不想再想做什么了。

斯特恩：人口增长率下降，究竟是活力减弱的表现，还是心理状态改变的表现，对这个问题，不同学科可能有不同的答案。对战争看法的转变无论如何不取决于下降的出生率。

施密特：地球人口爆炸的后果包括人口向出生率低的国家流动。

比如我们德国，现在有 350 万穆斯林；在一个 8000 万人的国度，400 万是一个相当大的数目，快 5% 了。这就出现了以前没有过的冲突。

斯特恩：美国告诉我们，融合会出现什么，这方面要向欧洲学习。这需要许多时间，需要克服巨大的反感。可不能低估美国原来的仇外心理。它已经被逐步减少和克服。但是您看看 19 世纪马萨诸塞的爱尔兰人，看看 20 世纪精英大学里爱尔兰人和犹太人的比例。可以看到，仇外心理并非典型的欧洲产物，但是可以靠善意一点一点克服。

施密特：您是说，精英大学的犹太学者曾经面对仇外心理？我理解得对吗？

斯特恩：不是，他们那时根本谈不上面对仇外心理，精英大学里根本没有他们。直到"二战"才有了转变，就是这么晚。当然也有例外，这是毫无疑问的，例如哈佛的费利克斯·法兰克福，1939 年被罗斯福任命为最高法院法官。但这是真正的例外，他们被"忽视"了，有的只是例外。我的老师和导师，里奥奈尔·特里林是第一个获得哥伦比亚大学英语文学正教授职务的犹太人，那是 40 年代初！

施密特：就是说，一直到 30 年代，东海岸大学里还有反犹主义的记录？

斯特恩：是的，不过是遮遮掩掩的反犹主义。在精英大学里曾经非正式地要求，把犹太学生人数限定在狭窄的范围内。这种限定也在"二战"后一下子改变了。总是有例外，特别是在自然科学领域。总的说非常，非常困难。所以我说：可以从美国学习经验，但要看到，经验是付出了代价的。

施密特：弗里茨，如果从美国北部边界迈步进入加拿大，就会看到，融入一个社会有多么难。不是难在肤色和宗教不同的民族，而是难在语言，有人说英语，有人说法语。后者生活在法国精神和文化传统里，前者生活在普遍受英国强烈影响的传统里。直到 20 世纪后半叶，还不能排除加拿大会一分为二。我的朋友皮埃尔·特鲁多，一位非常出色的前加拿大总理，每次讲话都在英语和法语之间来回串，这在他是理所当然的事。另外据我所知，他可从来没说过一次"加拿大民族"。

斯特恩：我想补充个小故事，是我在 60 年代末经历的。我在法语加拿大北边加斯佩半岛，一天晚上回不到我们住的岛上去了，只好在一个法语家庭落脚。我跟这家的母亲聊起来，一位老太太，百分百力挺戴高乐的"魁北克万岁！"路线。虽然喝了点宝乐力佳，还是记得清清楚楚，我问她：您当真相信，一旦法语加拿大独立了，您的所有问题就都迎刃而解了？——是的，所有问题都解决了。——当我提到国防时，她说："我们不需要军队，我们会像瑞士那样。"我给她讲瑞士军队的事，她一点也不以为然。愿望战胜真理。

施密特：一旦加拿大分了，魁北克独立了，东海岸讲英语的那些小省，记得叫"Maritime Provinces"，就都会跑到华盛顿排队等着加入美国。

斯特恩：我猜华盛顿会接纳它们，而放弃得克萨斯。

施密特：您这么说，是因为不想布什老捣乱。

斯特恩：我接着说这个题目，补充说明，美国伟大的少数民族不时叩问自己的历史。认为任何人任何时候都能高高兴兴地接受大熔炉的思想，是错误的。

施密特：可能是因为最近十年的负面发展和奥巴马任内今后八年内的预期发展为正面鉴定美国提供了新动力。

斯特恩：是的，但愿如此。

施密特：尤其是所谓的非裔美国人，即黑人和有色人种，后来还有西班牙裔美国人。我认为，美国黑人的出生率和拉美裔或西班牙裔的出生率到本世纪中叶导致了美国需要转变思想，朝着福利国家考虑了。因为下层群众要求他们孩子们能进好学校，能上大学，他们要求更多的养老金，要求医疗保险。在未来的几十年内，我认为美国会转向福利国家。

斯特恩：我认为这正是奥巴马孜孜以求的。成就之一是，"非裔美国人"历时并不长的"词"正在随着奥巴马逐渐消失。人们或多或少不说非裔美国人了，他们是美国人。

施密特：是的，可能会这样。

斯特恩：这本身将会是一个巨大的进步。我认为，奥巴马当选的种族和道德后果尚不清楚，但总体上将会非常好，对此，我有相当的把握。

施密特：对福利国家的必要资助会导致社会的一部分人不舒服，不能随心所欲聚敛暴富。这不是什么坏事。

斯特恩：会有反抗，但现在的医疗卫生制度让人无法长期忍受。这也跟社会正义这个难题有关，对美国人是一个很亮丽的课题。对社会正义的要求被不限制个人物质成果发展这个古老的美国愿望冲淡了。我们遇到了维尔纳·桑巴特提出过的老问题：为什么美国没有社会主义？美国与德国和欧洲的发展截然不同。德国的社会民主激情澎湃地追求社会正义，在马克思主义里找到了理论基础。马克思主义在德国社会民主运动中一直起着重要的理论作用。

1890年，废除了社会主义者法规，爱德华·伯恩斯坦的务实修正主义路线越来越吃香，一部分也是第二国际的观点，但是论修辞，却老是败在马克思主义手下。马克思主义能给人希望，这么说很重要：会实现的，我们知道，肯定会实现。

施密特：第一，德国社会民主党的鼻祖不是马克思和恩格斯，而是拉萨尔。他跟马克思主义八竿子打不着。"拉萨尔指路，我们奋勇向前"，是老社会民主党人百唱不厌的歌曲之一。第二，必须澄清常说的马克思主义是怎么回事。是指卡尔·马克思？或者指他的第二代和第三代门徒及阐释者？莱谢克·科拉科夫斯基写了三卷马克思主义的各种流派。我认为，马克思主义的特点和精髓是对社会和经济作出分析。马克思主义关于未来的部分，是没有用的。大多数社会民主党人对此很清楚，最早发现这一点的人之一，就是您说的伯恩斯坦。但是，对于党来说，马克思主义是负担。

斯特恩：在《爱尔福特纲领》中，修正主义者明确拒绝了无产阶级专政，首先是爱德华·伯恩斯坦。

施密特：伯恩斯坦可惜相当孤单。《爱尔福特纲领》是1891年的事，读了就会发现，它是掺了水的马克思主义。奥古斯特·倍倍尔1913年去世前不久还说起那场"大吵大闹"。倍倍尔是一位重要的领袖。

斯特恩：我以为倍倍尔是联系即将爆发的战争说"大吵大闹"的。但是我理解您说的马克思主义在一定程度上是社会民主党人的负担，并承认您有道理。或者这样说更好：它成了一种负担，因为它一方面包罗万象，另一方面又无可争辩是德国式的。社民党人经常援引马克思主义，在政治实践中做的却完全不同。

施密特：没错。至于说广大社民党员，就心虚了。多数党员直到20世纪初还没有打心里接受议会民主。

斯特恩：不对，恰恰相反，在魏玛时代。他们是唯一主张议会民主的力量。至于他们是否从内心接受了民主，我无法判断。我很难相信您说的，但是他们有**行动**。请看奥托·布朗在普鲁士的作为。

施密特：对。在我心目中，社会民主党人是人们最喜欢的人。我有60多年党龄，知道我说的是什么，我说的是：大多数社民党人直到20世纪中叶还不以为马克思主义是负担，而认为它是指南。

斯特恩：但不是日用指南，而是一块指向未来的罗盘。我感到悲哀的是，直到1945年，社会民主制度还没能展示自己的历史功绩。它走的是一条非常狭窄的路线，特别是在初期，在俾斯麦帝国，在1878年党禁压力下：一面争取民主权利，一面要求社会正义，两者并非总那么好协调。除此之外，还要不断给无产阶级——那时还有无产阶级一说——提供文化食粮。最后对1933年3月的《授权法》投反对票。这些是社民党的辉煌时代。1945年以后，社民党没有明确叙述这段它可以引以为豪的历史，我一直认为是一大缺憾。对于政治文化的健康，特别是在早期联邦共和国，这本来可以成为一件好事。这方面做得很不够。

施密特：有一点您说得对：如果说今天社会民主人士还有历史观的话，也是非常之少，局限于纳粹时代和反抗纳粹。现在说的，几乎只有这一个题目。

斯特恩：但是50年代还要糟糕，不只是社会民主的历史意义完全被遗忘了，而且还被政治对手直接挤到了布尔什维克主义一边。这在魏玛共和国就发生过，对手总是试图把社民党人跟共产党人绑在一起，即使在斯大林1928年谴责社会法西斯主义之后；斯大林仅仅给右派帮了忙。从那以后，许多人认为，社会民主不过是布尔什维克主义的初级阶段，它们是一码事，我们必须保护自己不受红色危险之害。

施密特：1953年，阿登纳让在全德国张贴竞选海报，上面画着一张戴着苏联军帽的亚洲鬼脸，底下一行字："马克思主义的路，条条通向莫斯科。所以请投基民盟。"我最精彩的议会辩论之一是1959年的，那年我40岁，基社盟的一位发言人，封-祖·古滕贝格男爵①——是今天古滕贝格男爵②的祖父——作了一个令人难以置信的同样内容的反社民党发言。台下第一排坐着党主席奥伦豪尔③，脸上很难看。整个党团朝他喊，我们不能允许这个。奥伦豪尔说：先等会儿，施密特已经报名发言了。我作了反驳发言，一次唇枪舌战：遗憾的是，德国从来没有发生过抽掉古滕贝格先生一类人的物质基础的革命！

斯特恩：好，妙极了！

施密特：多年后，我去看望了弥留之际的古滕贝格，他的遗孀邀请我在葬礼上发言。古滕贝格葬礼上，我是唯一的非基

---

① 卡尔·特奥尔多·封-祖·古腾贝格男爵（1921—1972），德国基社盟政治家，1957—1972年任国会议员，1967—1969年任总理府国务秘书。

② 指2011年3月因"博士门事件"辞职的国防部长卡尔·特奥尔多·祖·古滕贝格。

③ 埃里希·奥伦豪尔（1901—1963），1952—1963年任德国社民党主席兼议会党团主席。

民盟①党员。可是那些怀疑啊！您说1945年以后没能恰如其分地评价德国社会民主的历史作用，我无法反驳。然而，如果寻找为什么会这样的答案？我倾向于认为，原因之一是马克思主义社民党人本身并非无可指责。他们认为，兑现政策，无论是社会政策、教育政策还是国防政策，这一切全都不重要，重要的仅仅是社会主义爆发的那一天。他们脑袋里从来没有过一步一步向前发展的思想。他们相信革命。他们每天在乌培河谷或者阿尔托纳或者万兹贝克迈出的小步骤，并非真正的，真正的是无产阶级专政。

斯特恩：但是艾伯特早在1919年就排除了这个！最迟在古德贝格会议上就了结了。

施密特：作为年轻人，我积极参加了《古德贝格纲领》的准备工作。1959年，我是党代会报告人之一。1952年，我就是报告人了，那时还不到35岁，血气方刚，参与起草了那时候的《多特蒙德行动纲领》。但我必须告诉您：1952年和1959年，我们都为马克思主义吵来吵去，可是两次都没能把它毙了。倒是实际上把它平等地跟基督教伦理和人道主义基本价值一起接受了。马克思主义是许多同重量级政治力量中的一个。今天重读《古德贝格纲领》，就会发现，那时连马克思主义也一直起作用。在这之前，它是独自得道，这时变成跟另外两条路线共同得道了，这是主要区别。

斯特恩：《古德贝格纲领》的三个所谓基本价值是：自由、团结、

---

① 此处为基社盟之误。

正义。马克思主义只扮演了个外围角色。

施密特：关键问题一直是预算融资。如何资助一个福利国家，对这个问题，除了一两个例外，德国社会民主党人可惜一窍不通。他们老是提社会要求：增加退休金、增加失业救助、增加社会福利、有教无类、大学面向每个人——但是他们没看到，这一切都需要融资。"一战"之前，只有一个人懂点财政，知道钱不能随便印，这人是鲁道夫·希法亭①。除了他，德国没有哪个社民党人懂得货币。不过我不清楚希法亭对马克思主义的态度。他的《金融资本》是在"一战"前出版的，深入分析了金融资本主义的关联与功能，但是结尾却主张阶级斗争，对传统的马克思主义鞠一大躬。总之是个性格分裂的人物。在魏玛时代，社民党人首次面临治国大业，必须调整经济秩序。这时他们变得务实了——针对意识形态的马克思主义者的抵制。

斯特恩：我对德国社会民主党历史的看法略有不同。我指的是1890年到1912年间，从社会主义者法规之后重新建党到成为帝国议会最强势的党团，这是争取社会正义斗争中绝无仅有的成功历史。这与一再被提起的马克思主义没多大关系。在威廉二世统治的德意志帝国，一天工作12个小时，一周工作六天，条件相当差，部分地是灾难性的，尽管有俾斯麦的社会保障，病了老了还是穷愁潦倒。但是在这样一个国度为争取社会正义和保障而奋斗能够取得成效，这种社会正义思想对德国内在的统一作出了

---

① 鲁道夫·希法亭（1877—1941），奥地利和德国社会民主党人，第二国际领袖之一，马克思主义经济学家。

很大贡献。工人没有跳槽，即没出现无政府主义，也没出现革命，因为社会民主党给了民众希望。社民党的不幸随着战争而来，它的爱国主义导致了分裂。

施密特：分裂是因为务实主义的措施与马克思关于革命不可避免的预测矛盾。

斯特恩：这逐渐成为左翼马克思主义者的预测，这些人最终成了布尔什维克分子。

施密特：我认为您强调德国社会民主党在19世纪末和20世纪初的成就非常有道理。再补充一点：如果没有社民党的敦促和恫吓，俾斯麦不会发明他的那个伤残保险。提请注意：在俾斯麦的《伤残保险法》里，一个工人70岁才能拿到第一份退休金，那时他早就死了好几年了。劳工大众早就死的没几个了，领退休金的人数非常之少，直到1916年，领取退休金年龄才从70岁降到65岁。

斯特恩：尽管这样，我还是不能低估俾斯麦的立法，即80年代初的社会立法……

施密特：是80年代末。

斯特恩：末？

施密特：您说的初，指什么？

斯特恩：1881年末1882年初。

施密特：不对，伤残保险是1889年订立的。

斯特恩：伤残保险可能是，其他社会保障措施……

施密特：医疗保险魏玛时代才有，不对，请原谅，失业保险是魏玛时代才有的。医疗保险什么时候有的，我不知道，反正不是在俾斯麦手里。

斯特恩：这个我们让编辑去查好了……

施密特：一定要查查。

斯特恩：我坚持认为，俾斯麦的社会保险有三个不同的……

施密特：不对，肯定不对，不对！

斯特恩：好吧，我现在就肯定地说，对。

施密特：我们一会儿查查《布罗克豪斯百科全书》①。

斯特恩：现在我甚至敢说，俾斯麦的社会保障制度里的医疗保险，比今天美国的还要好。我现在绝不是要……

施密特：跟俾斯麦时代比，我不信。跟今天德国的医疗保险比，肯定是对的。跟20年代和30年代比，肯定也对。

斯特恩：我不过是想说，像"正义"这样的词，有很大的暗示作用。德国工人运动直到1914年的蓬勃发展，本身有一种强大的革命因素，这就是最终最大地在德国社会内部引起变革的力量。就此而言，马克思主义还是有一种历史意义的。至于它在预测和目标确定上犯的错误，是另一码事。

施密特：马克思主义不能预见的是社会变迁，当然不能为此责备它。在马克思主义风华正茂的时代，生活在德国的多数人是工人。如今没有工人多数了，如今多数是职员，于是造就了另一种气质。德国的社会保险不分工人退休保险和职员退休保险，并非偶然。加入职员退休保险的人，在20世纪中叶多数是黄色工会成员，而不是红色工会。今天100个就业的德国人里，只有不到30人是生产部门的。大概1.5%—2%的人生产土豆，其余28%的人生产汽车、飞机、家具和瓷器。但是70%的就业人员都在服务性行业，他们中许多人坐在办公桌前。马克思主义无

---

① 《医疗保险法》，1883年；《意外事故保险法》，1884年；老年与伤残保险，1889年；失业保险，1927年。——编者注

产阶级革命救赎希望的基础在 100 年里完全变了。

斯特恩： 社会民主党人不仅描述了社会弊病，他们还指出了原因何在、如何改变：我们要变革。许多非马克思主义者也受到了影响。像罗伯特·博世那样的人进行了改革，因为他们认为，应该对得起工人。这场运动是国际性的，英国有，法国有。到处都接近了为工人创造一个体面的世界的希望。最让我感动的，而且也是最典型的，是"一战"前年轻的恩斯特·罗伊特，他与父母在政治上决裂，因为他们顽固保守，把社民党人看成不信神的乌合之众。而罗伊特说："没辙，我是社会主义者……长期的并非轻松的工作给了我坚定的信念，我为此进行了艰苦卓绝的斗争。"

施密特： 可是罗伊特 1953 年就去世了。我永远忘不了，罗吉和我买了一辆二手奔驰，第一次试车，记得是在吕贝克高速公路上。收音机里传来罗伊特逝世的消息，震惊之大，使我撞到公路牙子上，因为我不能……

斯特恩： 控制。对此我很理解，对此我非常理解。

施密特： 弗里茨，我想回到您刚才用的一个词上，即"工人运动"这个词。这跟马克思主义的工人运动不是同一个词，但也没有根本的区别。在德国，工人运动在"一战"期间和"一战"之后就已经发展起来，后来相当大的一部分成为工人教育运动，在工人阶级的压力下成立了夜校。工人阶级中有一种非常强烈的求知欲，那时人人想发财，而在这里却是人人想上进，让脑袋富裕！除此之外，这场工人运动还把团结这个理论上的字眼变成了现实，住房合作社、消费合作社、工人教育协会等等，它们的根源在 19 世纪末，但到了 20 年代才扩展开来。要是没有纳粹，通过工人教育运动会形成自觉的国家公民团体。

斯特恩：我想再次强调对工人运动的发展作出重大贡献的欧洲方面。大家都知道，英国有工人运动，法国有工人运动。特别是英国的工人运动，我觉得比德国的还要早，还要深入，我记得韦伯夫妇①，记得肖伯纳，记得费边社……

施密特：费边社不是工人，是知识分子。

斯特恩：是知识分子，但他们希望用他们的文章为一种适度的非正统的马克思主义作出贡献。

施密特：在英国，向自觉社会政治的转变，在"二战"以后才得以突破。

斯特恩：恕难赞同，只需指出有宗教背景的伟大英国经济学家理查德·亨利……

施密特：托尼。

斯特恩：他在"一战"以前就积极投入了工人运动，特别是工人教育运动，他对非正义的描述惟妙惟肖。

施密特：1948年底1949年初才得以突破，一个英国人，我叫不上名字来……

斯特恩：贝弗里奇。

施密特：是的，贝弗里奇勋爵，与他和同时发生的工党首次执政这个事实一起，出现了英国工人运动的突破。

斯特恩：不对，《贝弗里奇报告》在"二战"中就公布了，在工党政府成立**之前**。贝弗里奇是托尼的同学，两个人一辈子都在费边社影响之下。因此我想说，英国有悠久的社会

---

① 悉尼·韦伯(1859—1947)和比阿特丽丝·波特·韦伯(1858—1943)夫妇，英国工联主义理论家，改良主义政治活动家，伦敦政治经济学院创始人，费边社主要代表人物。

活动传承，其缘起早在 1914 年之前。

1942 年，贝弗里奇写了他的报道，他的建议 1948 被工党政府付诸实施，此举完全正确，从此英国有了全民健康服务。说到欧洲战后秩序，我认为与马歇尔计划和舒曼计划相比，贝弗里奇一直多少被忽视了。这些都是 1945 年之后对欧洲影响最大的方案：马歇尔计划、舒曼计划和贝弗里奇计划。

施密特：德国人没用上贝弗里奇勋爵的倡议，英国人开始制定社会保障法规时，德国的社会保证制度已经高度发展了。

斯特恩：是这样，但是贝弗里奇走得更远，包括在教育方面。

施密特：今天，2009 年，英国的社会政策已经落后西欧很远了，好几年了，从撒切尔夫人起就落伍了，如今落后得跟美国差不多了。

斯特恩：我想简单说一下，真的不该低估费边社。他们试图自上而下改革社会，完成了很多。

施密特：对，但都是知识分子。德国的马克思主义者也都是知识分子。工人运动领袖不是知识分子，这可是巨大的差别！他们是工人中最聪明的人。

斯特恩：可是，英国也是这样啊。比如厄内斯特·贝文，他确实在工党内起到了非常重要的作用，是从普通工人上来的。如果我说，无论是知识分子还是工人，多为社会弱势群体做一点事，多一点社会正义，今天对我们不会有害，我想您一定会同意。

施密特：今天许多政治家把"社会正义"这个词挂在嘴上，脑袋里除了社会政治就没别的了。默克尔夫人也会说社会正义；但她会首选远不如社会正义出色的社会市场经济。

斯特恩：为了共同生活能正常运转，难道不需要起码的社会正义吗？为此而敏锐地意识到，民主社会里必须有起码的社会正义，我认为，这也属于跟工人运动或者马克思主义分不开的成就。在美国，"社会正义"这个概念最近几年没起什么作用。我们的光辉榜样一直是罗斯福，他把解决国家的社会问题作为1937年第二次就职演说的重点。现在我引用一段英语："I see one-third of a nation ill-housed, ill-clad, ill-nourished.（我看到三分之一的民众住得不好，穿得不好，吃得不好。）"为此，他在美国政界树敌甚多。他说："仇恨让他们一致对我，欢迎这种仇恨。"罗斯福是第一个自觉投身社会正义的，今天奥巴马亦是。约翰逊致力于他的大社会，在民权方面成绩卓著，可惜败在"越战"上。今天人们又关注起社会正义来了，不过这跟许多社会领域里腐败现象陡增有关。

施密特：福利国家是地道的欧洲成就。也许是20世纪西欧最伟大的文化成就。我们要对许多坏事负责——特别是我们德国人，要对"二战"和大屠杀负责。福利国家如今几乎成为包括中国在内的全世界的标准了。

斯特恩：看来欧洲快要成为一块民主基石了。

施密特：一旦福利国家崩溃了，民主肯定会在几个国家崩溃。许多国家的稳定将受到威胁，如果它们明天放弃或者大大缩减社会保障。今天人口增长和我们的就业市场的扩展已经严重危及福利国家，这种状况正是政治阶级不能正确理解的。人口增长导致本世纪中叶男子的寿命不是七十几岁，而是八十几岁，女子还要长，比男子多五年。另一方面，我们德国的情况是，人们60岁或者61岁就退休了，在法国还要早。这就是说，在100个有自己收入的德国人里，今天有25个是国家退休人员。除此之外，还有国家养老金领取人员，从前的公务员、士兵等人。这是一个很高的比例：25%。在阿登纳时代是10%。就是说，领取退休金、养老金的人员越来越多……

斯特恩： 而资助他们的青年人无疑会越来越少。

施密特： 是的。60年代初，我们德国妇女的平均生育率是2.3，现在，我们几年来的平均生育率是1.3。这绝对不够维系社会生存，就是说，社会将萎缩，同时严重老化。显然好景不长了，结果是：一方面，强迫工人延长工作时间，早出晚归；另一方面，缴纳税金和社会保障费的年轻人的负担会比今天沉重得多；第三，可能会导致推迟退休年龄，不是60岁退休，而是又回到65岁，然后是67岁，然后回到俾斯麦时代，70岁！大概不会出现三种因素的混合。这话德国没人敢说，也许有一两个例外，迈因哈德·米格尔①和库尔特·比登科普夫。

斯特恩： 但这意味着结果是，与今天相比，福利国家的福利不可避免地要缩减。

施密特： 我不想说缩减；我想说：福利必须顺应迅速改变的社会年龄结构。这不一定就是缩减，因为与此同时全民的生活水平也会远远提高。无论如何，福利国家不会像我们迄今想象的那样不断发展。

斯特恩： 如果我理解得没错，在总体减慢的发展中，能够保住一定的水准。

施密特： 对。我刚才说的很不得人心，行了，不说这个了。

斯特恩： 作为历史学家，我想再回过头看看。我们已经在不同场

---

① 迈因哈德·米格尔（1937—），德国社会科学家、政论家，1977年与库尔特·比登科普夫共同创建波恩经济与社会研究所。

合触及这个问题，即第一次德国民主失败的原因，与此相连，也谈到了社会民主党的连带责任。第一次德国民主失败的问题，是一个非常重要的问题，我们应该重新拾起。您本人最近多次指出，现在的发展类似1930年，那时第一位社民党总理赫尔曼·穆勒为了计划中的提高失业保险而放弃了联合政府。另外，这不是魏玛时期由社民党、中央党和德国民主党组成的联合政府，而是已经包括了德国人民党。

施密特：还有巴伐利亚人民党！

斯特恩：1930年3月是个重要日期，当然不成问题。但是早在1922年，拉特瑙①遇刺当天，当时的总理，中央党人约瑟夫·维尔特，就在国会说出了名言：敌人在右面。

施密特：敌人同时在右面和左面。

斯特恩：极左，有。然而"同时"的意义只是在同一个时间，而不是同样的强度。右翼在社会上根深蒂固，而且富有！

施密特：有共产党得票比纳粹还多的时候。

斯特恩：这不错，但是维尔特说的右不是纳粹，1922年纳粹还没有政治势力，维尔特说的右指的是拒绝民主的保守精英和准备开枪的右翼极端分子。

施密特：关于社会民主党人责任的说明，天知道，他们对魏玛民主的破败没有责任。但我认为，对当时政府的不作为和1930年3月当时社会民主党的不作为，确实值得说说。很高的失业人数导致失业保险负担过重。现在只能

---

① 瓦尔特·拉特瑙（1867—1922），犹太工业家、作家、德国民主党政治家，1922年6月24日，时任魏玛共和国外交部长的拉特瑙在敞篷车上被反犹分子用手榴弹和多发子弹击中毙命。

减少失业人员从失业保险里拿到的失业金,或者提高在业人员的失业保险费。讨论却局限在后面问题上,社民党人在是否同意提高保险费上不能统一思想。联合政府因此破裂,各方都明白,下一步将按照《魏玛宪法》第四十八条的应急规定由兴登堡任命一个独裁政府。

斯特恩:我不知道,当时各方是否知道下一步是什么。我们今天知道的是——其实早就都知道了,请看1922年的约瑟夫·维尔特①——来自右翼的压力非常大,右派不惜一切,旨在推翻任何议会制度选举出来的政府……

施密特:是的,但穆勒政府不是被右派推翻的,而是自己溜号了。我不想把这一切看成罪责,而是看成悲剧。

斯特恩:国家的重要力量——军队和重工业——内心从来没承认过1928年的选举。他们不想要穆勒内阁。社民党人大概没有看到危险。

施密特:他们可能低估了危险。但决定性的是,社会民主党人不愿意为提高小民百姓缴的失业保险费承担责任。这是根本性的动机,这是民主终结之始。

斯特恩:对于1930年3月,我们还可以继续争论细节。海因里希·布吕宁已经参与了,已经被兴登堡挑选为总理。我和布吕宁之间有过一次有趣的对话,那是50年代早期,他在科隆暂住。我想为我的博士论文跟他谈谈。"一战"中,他是机枪连长,这成了各界对他身份的认同。我们在科隆见面时,他告诉我,当这样一个精锐连的连长意

---

① 约瑟夫·维尔特(1879—1956),1921年5月至1922年11月,任魏玛共和国总理,1922年4月16日,签订了《德苏双边协定》:两国建立外交关系,互相放弃赔款要求,互享最惠国待遇,开始了长达十年的德苏合作。

味着什么，说他1930年还想再试一次。他的样板本质上核心是君主制和军国主义的，互助在其中有很高的地位。

施密特：他是天主教中央党极右标兵。他执迷于向战胜国证明，德国无法履行《凡尔赛条约》规定的赔偿义务。

斯特恩：他被推翻时已经快达到目标了。1932年进行的放松赔偿条件的谈判，已经接近成功了。可以说，德国国家主义分子和纳粹毁了他的成就，他们自己却大大从中牟利。总体上说，布吕宁的角色很没把握。谈话中我问过他，为什么他选择了1932年大选，而不等到1934年下一届。他说："因为我知道，1934年将会更困难。"就是说，他不相信自己的政策，不相信失业率在明显降低。

施密特：这个并不重要。我认为，布吕宁做人方面没有什么值得批评的，他只是判断力太低。

斯特恩：他固守旧秩序，从根本上不是魏玛共和国的真正信徒。

施密特：肯定不是，他宁愿成为威廉二世的帝国宰相。

斯特恩：是的，绝对如此，而且最好像他的机枪连一样纪律严明。

施密特：是啊，那是他一生中有成就的时期。弗里茨，我们又快回到希特勒了！

斯特恩：那我就来个大跳，进入1945年！当然还是离不开希特勒。我这儿记下来的两个关键词是：全面失败与民主之始。如何把两者联系起来？

施密特：两者毫无关系。全面失败教不出民主来。人们能够接受民主，是因为物质生活水平突然提高了。

斯特恩：非常清醒的分析，但我吃不准，是否真是这么回事。失败教不出民主来，可是不容置疑的全面失败和犯罪的量度好像还是把德国人跟他们的历史割断了。

施密特：这您可就错了。像理查德·魏茨泽克1985年那样的讲话，谁要是在1975年这样讲，很难不被台下一片嘘声打断，1965年则根本不可能不被嘘。原因何在？时间尚未成熟。1919年全面失败导致没人再相信民主。我们没有再次得出错误结论这一事实，我们可以视为巨大的成就，视为奇迹，视为别的什么了不起的东西——我想，民主的基础其实是，德国人物质生活突然好转了，欣欣向荣了，废墟重建了，街道修好了，有吃有喝了。比如我们汉堡这里，那时没有一家能独住一套公寓房。比如我们就是四家共住一套房，每家一间屋子，四位女士共用一间厨房。这很常见。现在一下子好过了，肯定巩固了民主。再加上天才路德维希·艾哈德，直到50年代初，他的工作确实是一流的，废除了纳粹时代的所有法规，宣布开放市场。这次经济繁荣对于我们真是一个奇迹！

斯特恩：可是您如何解释，1945年以后实践中根本没出现过反民主的运动？

施密特：有过，有过！我记得巴伐利亚党，记得帝国社会党，记得瓦尔德马·克拉夫特①，还有这个那个……

斯特恩：可这些都是小打小闹……

施密特：上帝保佑，它们都是些小打小闹，可是您看看1953、1957、1961、1965年参加联邦议会选举的政党名单，足足有一麻袋！而且基社盟里有相当大的右翼势力，

---

① 瓦尔德马·克拉夫特（1898—1977），前国社党党徒，"二战"后参与创建"被驱逐与被剥夺权利者同盟"，曾任该组织主席，1956年退出该组织，加入基民盟。克拉夫特曾任石荷州财政部长、阿登纳内阁特别任务部长、联邦议会基民盟/基社盟议会党团外交委员会主席。

基民盟甚至社民党里也有。就说库尔特·舒马赫吧，一个难得的天才，白璧无瑕的人格，"一战"战场和纳粹大牢炼就的英雄，一个我非常崇拜的人。1950年，正在辩论国防开支，就是这样一个人，在一次新闻发布会上公开说：只有我们的国防能力能攻到"维斯瓦河和涅曼河"时，我们才能跟盟军并肩为自由而战。我永远不会忘记这番话。我当时对我的顶头上司卡尔·施勒说：他这么说，可是国之不幸啊。说没有过极右倾向，是错误的。阿登纳也不能完全免右。科尔也用了相当的时间，直到1990年夏末，他才打算承认德国和波兰的边界。他的长时间犹豫就是承认了基民盟和基社盟里有右翼潮流。

斯特恩：可是民族主义并不等于反民主思想，联邦德国也没有像魏玛时代那样的反民主思想，也没有那样的情绪，没有公开的反民主文章。

施密特：我接着说舒马赫在1950年这个例子，那年五月，罗伯特·舒曼①带着两年后成就了欧洲煤钢共同体的所谓舒曼计划来了。舒马赫那令人震惊的命运体现在他的话语里：我们拒绝**这个**！这是教权主义的、资本主义的、保守主义的'天主教会的——我们拒绝**这个**！这件事还有个副作用：年轻的施密特不能再在社会民主党刊物上发表文章，因为**支持**舒曼计划。库尔特·舒马赫给汉堡社民党人写了封信：不许施密特再捣乱，不许他发表这种东西。但是汉堡社民党人回答，我们这里允许言论自由，并力

---

① 罗伯特·舒曼（1886—1963），出生于卢森堡的法国政治家，曾任法国外长、司法部长、欧洲煤钢共同体发起人、欧盟议会首届议长。

挺我。只是顺便提提。

可悲的是，舒马赫从魏玛共和国历史得出了错误的结论和错误的教训：我们必须必须爱国。他得出这个结论那一刻，事情已成过去。他不仅出于政治权宜才这样认识，很可能内心就是德意志—民族主义者。要知道，他生于西普鲁士，这个对他的思想影响很大。

斯特恩： 另一方面，他认为社民党人不能再把自己挤到被骂成"无祖国之徒"或"非德意志族"的地步，这种信念并不错。

施密特： 您说的对，但别忘了，他是一个卡里斯马式的领袖人物，跟他的对手阿登纳一样。阿登纳虽然形象木讷，但在他的听众里还是有权威的。

斯特恩： 那时美国人认为，德国出现的不仅是"经济奇迹"，而且是"政治奇迹"。当然不只几个老纳粹找到了避难所，纳粹上台时还非常年轻，后来在纳粹统治下求职升迁的一代，1945年后妥协了。早期联邦政府对这一代人的潜台词是：你放下屠刀，站在民主大地上，我们对你1945年前的所作所为不再细究。这些年轻时曾经的铁杆纳粹后来相当容易地或多或少成了社会民主党人，这笔交易是一个重要原因。

施密特： 同意您说的，是这么回事。

不管是汉堡高铁股份有限公司、柏林交通公司还是慕尼黑杜伊斯堡－鲁尔地区的发电厂，没有知道怎么做的人，都无法运转，而知道怎么做的人，全是当年纳粹的追随者，或本人就是纳粹。别的内行没有。一个从第三帝国过来的正直、爱惜羽毛的人，正因为正直、爱惜羽毛，所以无那一技之长，不能让发电厂发电！

斯特恩：可是他有一技之长，可以从政，比如阿登纳。

施密特：最坏的是在纳粹时代迅速升迁的教授们，他们把我们这些战争遣返人员当垃圾处理。他们权力很大，能出示考试证明、博士论文证明、教授论文证明，依然风光，不受质疑。

斯特恩：法学家们也好不到哪里去，而且是以特别恐怖的方式卷入的。发电站的论证也是这么来的吧？或者某些领域不……

施密特：如果把这些人全都开革了，还能用谁呢？按照我的口味，还该多抓起来几个。

斯特恩：您觉得少抓了几个？

施密特：也许少抓了300个，或者再多点。可是不停地炫耀胜者王侯也不合适。社民党人尚未胜券在握，他们首要的工作是什么呢？先把非社民党人统统抓起来？

斯特恩：我们说的不是非社民党人，而是纳粹分子。谁干过坏事，1950年上刑事法庭。对那些跟风随大流的、求职养家糊口的、说胡话的——我同意您说的——1950年免予刑事起诉。否则，一半德国人得上法庭。赫尔曼·吕博[①]多年前就曾正确指出，如果统统判处，就不能把他们变成社民党人了。

施密特：第一，不是这么回事，第二，发电站也没能运行，两者都不是。弗里茨，门铃响了，大夫来了。

[①] 赫尔曼·吕博（1926—），德国哲学家、政论作家，曾任德国、瑞士多所大学哲学教授、全德哲学研究会会长。

第三天下午

肯尼迪——约翰·保罗二世——美国在欧洲重建中的作用——欧盟奇迹——英国人的特殊作用——核威胁与不结盟条约——欧盟的过度扩张——土耳其不能加入欧盟——西班牙与葡萄牙——雅鲁泽尔斯基和宣布波兰戒严——德国在欧盟的未来角色——不能把欧盟降为欧元——金融危机的教训——智囊团——咨询与决策——一首诗

施密特：大夫走了。我呆会儿得去医院看眼。我们今天得早点结束。我要了两辆车，4点半来接我们，一辆送您，一辆送我去医院……

斯特恩：对您深表同情。

施密特：不是多要命的事，不过很对不起我们的谈话。单子上还有几个问题。

斯特恩：我只剩下一个问题了。

施密特：我还有三个。

斯特恩：那您先请。

施密特：我们前天谈到几位美国总统，谈到今天美国公众对他们的评价，可是略过了肯尼迪。德国人对肯尼迪的印象非常正面，美国人也这样看吗？

斯特恩：肯尼迪有许多事情让我钦佩，但我最钦佩的是他对古巴导弹危机的处理，如此机敏地平衡各方利益取得惊人的成功。半年以后，他在华盛顿的美国大学作了一次演讲，向苏联伸出手；是一个很高的姿态，表示他不以成败论人。

施密特：我毫无保留地赞同您对古巴导弹危机和肯尼迪成就的评价，不过想补充一点，即苏联方面，特别是赫鲁晓夫，也作出了很大贡献。如果这位一时冲动的领导人没有回到理性和权衡上来，有可能全盘砸了。肯尼迪提出了回头的倡议，对方也很配合，这一点不该忘记。

斯特恩：我不会忘记。

施密特：另外，我对英雄化肯尼迪有异议。我对他的演说，特别是就职演说，特别感动；但是，我也记下了，不久之后他就把美国领到了越南。后来，包括在他的继任约翰逊、尼克松和基辛格手里成了什么？如果没有必须把世界共产主义赶出亚洲的设想，根本不会出现这样的结果。所以，肯尼迪对此有一定责任。

斯特恩：两点意见：一、史学家们一直在争论，如果肯尼迪没被谋杀，他会在越南干什么？许多跟他共过事的人说：他绝不会像他的后继者约翰逊走得那么远。我承认，这是假设，但我会同意这个假设。在他那个时代，只有顾问在越南，没有军队。二、肯尼迪坚信，美国不能再把一个国家送给共产主义。多米诺理论并非他的发明，而是50年代中期以来政界共识。越南当然是一场灾难，东海岸精英造的孽。今天越来越多的美国人这样看。我非常佩服的麦克乔治·邦迪①，是东海岸精英的模范，他不仅参与了这场战争，而且一再为其摇旗呐喊，可是后来非常多虑；这是我们现在才知道的。

施密特：我想起另一个与肯尼迪有关的关键词来，"卡里斯马"，到现在我们对这个词只是轻轻掠过，应该再简单说说。肯尼迪无疑有卡里斯马，我把他划在正面卡里斯马人物里。但是总而言之，我对卡里斯马人物持高度怀疑态度。问题是，一个政治家要有多少魅力才能吸引大众？如果一个政治家不能利用媒体打出自己的优势，他今天就寸步

---

① 麦克乔治·邦迪（1919—1996），1961—1966年，担任肯尼迪和约翰逊总统的国家安全事务顾问，任内参与策划了越南战争。

难行。我认为这正是问题所在。

斯特恩：我认为应该区别对待。我们先放开政治家。您来看看教皇。如果看到教皇约翰·保罗二世在各大洲的感召力相比，那就只能说：他的继任很难做到。

施密特：那是他该着的！

斯特恩：约翰·保罗二世有公众感召力——见鬼的是——他私下里也有感召力。跟他在一起的那一刻，你会有种感觉，他是一个非凡的人物。

施密特：我曾经心平气和地跟他交谈过三次，每次一个钟头。我想，弗里茨，您说的对，坐在回去的飞机上，有种感觉：这是一个好人。但同时我也一直知道，他的智力有限。

斯特恩：这个我不否认。我跟他有过几次接触，在所谓的岗道尔夫堡研讨会上。那时我也跟他私下里交谈过——其中也谈到布莱斯劳——印象大致相同。但我不知道该叫什么：感召力，说服力，高山仰止……

施密特：人们可以直接被说服：这人说的，是他心里想的，很有道理。他是一个实在人。但他所说的，并非全都有意义。我记得他刚遭到暗杀之后，我去医院看望。我们谈起避孕来。我刚从南美之行回来，告诉他："当地的主教们全都不同意您禁止使用避孕套的看法和有关的规定。"然后是他的一段不长的独白，说地球有足够的空间容纳更多的孩子，比如刚果，再住1500万人绰绰有余。当时我想，天哪，这么天真！尽管如此，他还是给我留下了十分美好的印象。

斯特恩：是这样。1979年，我在波兰，他刚刚作为波兰教皇第一次访问他的祖国，可能是在两周之前。有一个在政府和党内都十分重要的坚定的共产党人告诉我，他十六七岁的儿子到家里，他问儿子，教皇给他留下了什么样的印象。儿子答道："他是一个让人行为检点的人。"

施密特：要是所有的神父都能这样就好了。

斯特恩：我认为，他在1989年的角色非常、非常重要，不可或缺。至于他严格的性道德和权威风格给教会带来什么，是另一方面。东欧的解放有他一份功劳。

施密特：首先是波兰，但是必须认认真真研究。我想讲个小故事，故事发生在70年代。那时沃伊蒂瓦是克拉科夫大主教。我跟维也纳枢机主教弗兰茨·科尼西是朋友。纯系偶然，我们谈话时说到我想去趟波兰，他提醒我注意克拉科夫大主教这个人物，我那时对此人尚一无所知。他告诉我，此人是天主教会的希望、波兰的希望。于是，我就通知华沙政府：我想把对华沙的访问扩大一点，非常想去克拉科夫，一饱眼福。同时我也按照当时的做法，背后让沃伊蒂瓦大主教知道：我很快就去克拉科夫，我们可否在瓦沃尔山上您的大教堂顶上圣器收藏室里不引人注意地会面？他回信说，他不愿意这样做，因为会被华沙错误理解。我至今不明白，他说的"华沙"指谁。他指的是首席枢机主教沃伊钦斯基，还是指我的朋友爱德华·吉莱克和共产党人？

斯特恩：我猜，他指的是首席枢机主教。

施密特：无论如何是策略谨慎的标志。

斯特恩：我也这样看。另外，是科尼西坚持让他当上教皇的。一个非常非常好的人，我曾经……

施密特：弗兰茨·科尼西曾经撺掇我写一篇关于拉钦格的大文章，那时我已经在《时代周报》很多年了。他不喜欢拉钦格，想把我撩起来。可是我没写。

斯特恩：我不知道，现在是否该说可惜！

施密特：别，别，谢天谢地，我没写，不过，现在该提您的那个问题了。

斯特恩：不是一个问题，赫尔穆特，是一捆问题。我是说，有一包我们至今没谈到的题目：欧洲。

施密特：没错！

斯特恩：欧洲会变成什么样？

施密特：请您让我先补充一个问题，跟这个问题间接有关。我们谈美国的世界理想时，我想起了这个问题。这种理想在战后最初几年里和60年代初期欧洲煤钢共同体诞生时起了什么作用？换一个问法：美国对欧洲重建的支持在多大程度上受世界美国化思想指导？或者这种思想没起多大作用？

斯特恩：您从根本上比我更有资格作出判断。我先假定的不成熟的看法是，美国的例子起了很重要的作用。马歇尔计划离不开美国的利益，也离不开经济利益，但它的基础是政治决策：我们不重复1919年以后我们的做法，我们不能忍看欧洲饿死人。欧洲重建符合美国利益。另外，马歇尔计划也给欧洲人施加了压力，迫使他们团结起来。

施密特：这个我没意识到，但是觉得很有意思。

斯特恩：马歇尔和艾奇逊呼吁欧洲人建言。美国人愿意帮助你们，请你们提出建议，你们需要什么？想要什么？就这样把重要的西欧国家利益统一起来了。我不是说，这是马歇尔计划的核心思想，但总是重要的思想，也因为它含有反共的成分，这是不言而喻的。

施密特：20年后，亨利口出妙语，说他不知道欧洲的电话号码。

当时他有九个电话号码就够了,如今需要 27 个电话号码。不久可能还要多。如果我没看错的话,美国人对欧洲人相当没耐心。他们问,为什么欧洲人不进步?我认为,到 2050 年我们也不会有共同的欧洲外交与安全政策,我觉得可能性极小。比如,我认为法国不可能把他们的核武器置于欧洲共同安全部门之下。英国也不会这样做。我认为完全不可能的是,法国或英国会放弃在莫斯科设大使馆,放弃在巴西利亚设大使馆,放弃在华盛顿设大使馆。就连德国也不会放弃这个。在经济和技术领域,共同市场会运行良好,共同货币也会继续发挥作用——许多主权国家使用一种共同的货币,毕竟是世界历史上前所未有的——,但是共同的战略和共同的外交政策:前景远不容乐观。

斯特恩:巴黎—柏林轴心可能继续发挥主导作用,两国可能会努力推行或多或少共同的政策,希望这种可能性继续存在。

施密特:我的希望跟您一样。

斯特恩:您的希望跟我一样?就是说,您不相信这个?

施密特:我想知道可能性有多大。我会利用各种机会朝着这个方向努力,但是并不乐观。

斯特恩:我的印象是,在美国,人们希望有一个强大的欧洲。可惜美国眼下不考虑这个问题。但我想再补充一些。看一看 1945 年以后的成就,今天欧洲确实有一大堆值得表扬的;其中包括您刚才提到的欧元。但最重要的是,500 年来第一次没有大战争。这真是一个世界史的成就!对这个成就,人们还没有足够的认识。

施密特:这是一个令人难以置信的成就,不仅与过去几百年相比是这样，而且与其余四大洲发生的战争争端相比……

斯特恩：在世界历史上！

施密特：在其余四大洲，全世界没有任何一个地方有与之可比的国家之间的统一。这是非常漂亮的成就，但是据我看到的，眼下这块大地上的活力，参与的积极性有所减弱。

斯特恩：对于过去几百年的德国历史，联邦德国长期意味着何等成就，德国人认识不足。同样，今天这一代欧洲人对欧洲成为今天这样是何等的成就，也认识不足。

施密特：我同意您说的，两者至今都没有足够地认识到取得的成就。补充一句：也没充分意识到欧盟符合德国迫切的利益。欧洲没有任何国家比德国更迫切需要被联合。当然法国、英国、荷兰、波兰也愿意与德国联合。只是这些国家还没人正确认识到，只有自己被联合，联合才能起作用，德国人自己也没意识到这一点。

斯特恩：英国人从一开始就不知道这一点，他们也不想知道。这从1946年丘吉尔的著名讲话就开始了，丘吉尔要求法国人跟德国人握手言和，成立欧洲合众国。在同一个讲话里，他却表明：我们英国人置身之外，因为第一，我们有英联邦，第二，我们跟美国有特殊关系。我以为，英国的欧洲政策不会有多大改变。

施密特：这个，我得听听哈罗德·威尔逊、撒切尔夫人和别的许多人怎么说。直到60年代末，我一直认为，没有英国人的智慧，欧洲共同体理所当然不会成功。70年代，英国人让我认识到，以前我只是一厢情愿。

斯特恩：托尼·布莱尔荒诞地臣服布什政府，好像该给英国人上了一课，不能拘泥于特殊关系，而应当更多地致力于欧洲方面。

施密特：可以理解，但我认为几乎不可能。

斯特恩：问题是，没有英国，欧洲对世界的持续影响是否会比有英国要小。无论如何，欧洲希望能发挥更大的影响。

施密特：在一系列领域里。其中一个领域我今天只能模模糊糊说出来，叫做驯服赌场资本主义。

斯特恩：关于核武器的问题！

施密特：对。关于核扩散，欧洲人已经与华盛顿沟通了，不是用同一个电话号码。英国人和法国人没参加减少世界核武器的讨论。他们没有那么多核武器，所以他们说：我们核武器很少，应该从美国和俄国减起。

斯特恩：在美国，争取减少和全面销毁核武器的努力一方面被视为离经叛道，另一方面找到了有影响力的支持者。您想想基辛格、舒尔茨①、纳恩②和佩里③2007年发起的那场运动……

施密特：这场运动的原动力是塞缪尔·纳恩和乔治·舒尔茨。我们德国人，魏茨泽克、根舍、埃贡·巴尔和我，去年冬天作出了回应。俄国和中国也有动静，可能会有几个共同行动。但是我总的印象是，美国"新四人帮"，这是我对他们的称呼，影响……

斯特恩：非常小。

施密特：几乎是零。

斯特恩：但是有这样一个倡议的事实，加上这四个人的权威，多

---

① 乔治·普拉特·舒尔茨（1928—），美国政治家，曾任尼克松政府劳工部长和财政部长、里根政府外交部长。

② 塞缪尔·奥古斯都·纳恩（1938—），美国政治家，曾任乔治亚州长、参议院议员。

③ 威廉·詹姆斯·佩里（1927—），美国政治家，曾任克林顿政府国防部长。

少是个象征。

施密特：让我吃惊的是发表的地方，两份备忘录，一份是去年冬天发表的，另一份是前年冬天发表的，都不是发表在《外交事务》或其他专业杂志上，而是登在《华尔街日报》上，就是说公之于众。这对于我是一种新现象。

斯特恩：可这未必是蠢举。也许现在又多了几个明白人，知道核武器这个课题对人类未来具有至关重要的意义，知道只有履行不扩散条约才能解决问题。

施密特：问题就出在这里。1968年的《防治核扩散条约》是一个不平等条约，大约180个国家中承诺不拥有核武器；有的没签署，包括以色列、印度、巴基斯坦。有五个国家签了，仅仅为了不久参加核裁军谈判，可是没有实际行动。那时世界有五个核国家，现在九个了。到了本世纪中叶，大概就不是九个，而是十五个核国家了。由于五个核大国不履行他们的义务，不认真对待核裁军谈判，就让别的大国产生一种感觉，为了不至于长期受五个核大国控制，他们也需要核武器。这曾经是印度的动机。印度有了，巴基斯坦也要制造，以此下去。不排除日本、巴西等国再过几十年也会强烈倾向核扩军。单单朝鲜不容置疑的核装备就已经让日本抓住了理由。一旦日本人有了一颗原子弹，南韩跟着也会要，台湾地区的气氛也好不了。

斯特恩：这种危险局面产生的基础是一个旨在禁止扩散原子武器的条约，这是一个悖论。尽管这样，还得遵守条约，它是谈判的基础。

施密特：正是这样。无核国家中至今没有一个违背条约的。就连朝鲜也没触犯条约，因为在这之前已经把它逐出条约了，这样做是符合国际法的。

斯特恩：一个国家是先解除条约义务，再造原子弹，还是绕过条约偷偷造原子弹，或者根本没这么个条约，实际上还是有重大区别的，但是改变不了核扩散的基本问题。

施密特：迄今，条约还是在很大程度上阻止了核扩散。例如伊朗，据说伊朗有违犯条约的意图，那么伊朗也可以学朝鲜的样儿解约，不过需要提前三年通知。可是内贾德为了保护自己，不会提出解约，因为那样等于公开承认，他正在追求核武器。他是否真在研制核武器，谁也不知道，只是一种指控。但这种指控也许像指控萨达姆·侯赛因有大规模杀伤性武器一样可靠。

斯特恩：还有以色列。以色列早就开始造核弹了。

施密特：是的，不过以色列没有签约，所以有这样做的自由。

斯特恩：危险的"自由"！所以还是有条约好，即使仅仅因为它能让那些不承认它的国家名誉扫地。如果今天日本人认为有必要拥有核武器，他们也必须先退出条约，这样一来，政治代价就太大了，特别是对于日本这样的国家，后果不堪设想。

施密特：毫无疑问，这将导致东亚整个政治局面的改变。不过我还是坚定地说：原来的五个核大国对这一可预见的发展和别的一些国家至今用核武器装备自己要承担部分责任，因为它们没有履行他们应承的相当含糊的义务。如果它们突然开始把它们的一万件核武器减到 20 或 30 件，这才会深深影响世界。

斯特恩：《凡尔赛条约》为德国规定了极度的军备限制，这本来应该成为全面裁军的第一步，众所周知，这个目标没有实现。

施密特：很好，您把德国拉了进来。我想提醒一下，直到库尔特·基辛格政府末期，我们一直拒绝加入不扩散条约；直到 1969 年 11 月，波恩政府才签署这个条约。我还要提醒，在 50 年代，用核武器装备德国，对于阿登纳和当时的国防部长施特劳斯是不言而喻的要求，注意，阿登纳说过：原子武器，这不过是炮兵现代化嘛。到了 70 年代，我们在勃兰特领导下签署了条约，基民盟里一部分人才有了变化；其间魏茨泽克起了很大作用。今天在德国，我感觉不到有任何想拥有核武器的出轨倾向。但是，举例说，如果日本人用核武器装备起来了，我不敢保证，在我们欧洲这儿每个人都能淡然处之。

斯特恩：所以我说，日本的这个决定，后果不堪设想，不仅影响到它所在的地区，而且也影响到欧洲。无论如何要看到朝鲜冲突的威胁性后果。

施密特：我们还是再回到欧洲这个题目上来吧。欧洲一体化进程偏偏受到刚刚进来的波兰和捷克的危害，这是对最近 20 年来历史的讽刺。

斯特恩：苦涩的讽刺，至少我本人完全没料到。我常说，对于我来说，1989 年是我这一辈子里最幸福的政治年：和平革命之年。

施密特：深有同感。1989 年我们在汉堡，柏林墙倒塌时，我流泪了。但不久就出现了这样那样的错误，不仅是在两个德国的经济统一方面，而且在欧洲一体化进程里。我从一开始就认为，毫无区别地把所有东欧国家一律接纳进北约组织和欧盟，是非常不慎的做法。

斯特恩：我得承认，我曾经表示赞成接纳波兰、捷克、匈牙利和别的东欧国家加入北约。但是，如果我没记错的话，对此并没进行过大辩论,接纳它们好像是理所当然的。在美国公众中却出现过简短的一幕,当乔治·坎南①指出接纳东欧各国为北约成员是所能犯下的最严重的政治错误时……

施密特:这个我也听说了。我也认为那是一个重大的错误。

斯特恩:坎南演讲时我在场。我的看法跟他完全不同。感觉告诉我,波兰、捷克、匈牙利在冷战期间及以前经受了那么多苦难,现在必须给它们提供再保险。

施密特:我认为,这样做会踏入极大的危险。因为我们觉得有一种道德上的义务,让它们满意和感到安全,所以应该给它们提供二者之一,或者接纳它们加入欧盟,或者接纳它们加入北约,但是不能同时接纳它们加入欧盟和北约。而且不能暗里盘算两者:明天接纳乌克兰,后天格鲁吉亚,哪一天亚美尼亚,天知道后面还有谁谁。这正是美国倡议的目的。

斯特恩:这个我知道。但是在我支持波兰、匈牙利、捷克的努力并公开表示赞成它们加入北约时,并没有想到会有后来的结果。除了拉姆斯菲尔德和切尼,当时谁想到了乌克兰和格鲁吉亚?此外,欧盟当时在美国不是一个题目,没人对联盟有兴趣。听到一体化进程瘫痪了,多数人的反应是耸耸肩膀而已。

施密特:什么时候土耳其进来了,大概就是欧盟完蛋之始。先不谈美国人会怎么想,对于欧洲,那将是大灾大难。土耳其今天有7000万人口,到世纪末将增至一个亿。那时土耳其就成了人口最多的欧盟成员国。为了把土耳其最终

---

① 乔治·弗罗斯特·坎南(1904—2005),美国历史学家和外交家。

变成一个先进的工业国，我们得拿出国家财政的一部分来，同时，由于各成员国之间的自由流动，德国的土耳其人将不是 250 万，而是 700 万。而这一切发生的背景是土耳其今天越演越烈的重新伊斯兰化进程。

斯特恩：这就使土耳其加入欧盟越来越不可能了。

施密特：但愿如此！欧盟是欧洲千年史上一个没人能想到的奇迹，一次难以置信的成就。但是，过度扩张这个人工结构让人担忧。您看看《里斯本条约》：有 72 个领域需要一致同意才能通过决议。今天 22 个政府和议会一致通过！这是抽风！照这么办，欧洲有一天要灭亡啦。

斯特恩：这样的发展对谁都不如对德国人危险。我坚信，德国人不像欧洲其他民族容易受诱惑，我对德国人有信心，建立在假设的基础上，假定他们牢牢地立足欧洲，而且欧洲至少会保持今天这样。

施密特：完全同意您说的，只是换一种表达：欧盟是针对德国诱惑的巨大危险的再保险。

斯特恩：说到欧洲及其 1945 年以后的成就，常常忽视 70 年代两个有过几十年专制统治的参加进来，我指的是西班牙和葡萄牙。这两个国家进入欧洲共同体特别得到社会民主党人的支持。

对这种向稳定的民主制转变的惊人速度和持续过程的赞誉，我觉得太少了。您能对西班牙和葡萄牙的发展说几句吗？

施密特：希腊在 60 年代末 70 年代初也是军人专政，不过我对希腊不敢恭维。关于西班牙和葡萄牙，我对美国政府当时的态度记忆犹新，它高度怀疑两国的进程，甚至担心那里会生出共产主义政权来。

斯特恩：没错儿，这种怀疑特别表现在亨利身上。

施密特：从这个角度看，美国人认为葡萄牙的局势尤其危险。

斯特恩：亨利已经放弃了葡萄牙。

施密特：发动所谓"康乃馨革命"的将校军官中，有一部分人非常天真。西班牙的情况越发危险，第一，这是一个比葡萄牙大多了的国家，第二，令人厌恶的佛朗哥传统根深蒂固。西班牙的另一个重要因素是胡安·卡洛斯一世，佛朗哥把他立为王，1975 年佛朗哥一死他便登基。第一次反对新朝的军事起义发生时，他却勇敢地站在起义最前列——一位酷极了的帅哥！当时社会民主党人在政府负责，我们的作用很有限，是道义和财政上的支持。

斯特恩：这种支持并非不重要，因为一切都那么艰难，说完蛋就完蛋，特别是在葡萄牙……

施密特：是这样，两个国家都经历了艰难的过渡时期。我还记得，1976 年末 1977 年初，我利用在西班牙圣诞节度假，去会晤被怀疑而处于警察监控下的社民党领袖、后来的总理费利佩·冈萨雷斯。我不记得是否带了一个专门为他准备的文件夹。他只能通过防火梯进酒店找我，为了不引人注意，他不敢进酒店大门。我认为，白宫当时被两国进程的负面评价误导了。但我必须承认，我们对局势好转也没把握，特别是对葡萄牙军人。跟我们打交道的全是很怪的将军、元帅。

斯特恩：欧洲理念当时在这两个国家起了重要作用，就像后来在东欧的重要作用一样。我第一次在西班牙参加一个关于"欧洲理念"的国际会议，是 1961 年，还在佛朗哥统治下，能感觉到，归属欧洲的思想对于西班牙知识分子何等重要。这一点，不能低估。世人当时知道社民党既给了西班牙也给了葡萄牙援助吗？

施密特：我想不知道，我们的援助工作多多少少是隐蔽进行的。另外，援助的不仅是我们，基民盟也以相似的方式帮助了西班牙。据我回忆，他们和我们的援助，钱都出自联邦情报局的预算。这在法律上似乎有点出格。

斯特恩：伊比利亚半岛这一快速的正面发展对90年代东欧国家的民主化和统一有作用吗？

施密特：我想没有。

斯特恩：80年代，在准备1989年革命时，很可能起了作用，至少在波兰。

施密特：不对，团结工会没有受到伊比利亚半岛的任何影响，完全靠自己壮大成长。

斯特恩：不对，围绕团结工会的知识分子完全清楚，西班牙的前例对他们是鼓舞。

施密特：弗里茨，我承认，你比我更了解波兰知识分子。

斯特恩：您知道，不仅波兰的"知识分子"，而且还有蒂莫西·迦通·阿什那样的历史学家，都谴责西方政府，包括德国政府，对团结工会支持太少。

施密特：我认为这种谴责毫无道理。我们当时不可能知道，团结工会在全体波兰人民中有多深的根基。特别是我们无法知道，苏联政权会如何反应。我曾认为苏联极有可能武装干预波兰，结果会对波兰人民非常不利。这导致了当时的联邦政府在我的领导下非常保留和谨慎，不给苏联增加刺激。至少有两个苏联师驻扎在波兰领土上，通过北约的空中侦察我们知道，波苏边界另一边有重大调兵行动。我跟今天波兰领导人的看法完全不同，我认为，1981年12月雅鲁泽尔斯基发布戒严令，是希望以此防止苏联的军事干预。我知道，他今天拿这个观点为自己辩护，但我当年另有看法，今天仍然另有看法，两害相权，雅鲁泽尔斯基选择了轻的。

斯特恩：老实说，我当时不这么看，今天也不这么看。

施密特：弗里茨，我刚才说过，你们与此事有很大的距离，你们在万里之外。但是，一个与波兰政府有外交关系的德国政府怎么可以去支持团结工会呢？

斯特恩：我们是在万里之外，这是一个方面，另一方面，我认识团结工会的人。那里发生的事情让我深受感动：有史以来第一次，无产阶级与知识分子联合起来，进行持续反抗。团结工会在波兰得到越来越多的人支持，人们能感觉到运动在发展。因此，我也公开表了态，写文章指出，西方不能听任波兰宣布戒严令。

施密特：事过30年，就让它这样吧。您要问欧洲未来，一个广阔的领域。

斯特恩：我说具体点：未来联邦德国在欧洲扮演什么角色？最重要的大概是与法国和睦相处和对波兰的特别敏感，在这一点上我们肯定一致。但是，为了从正面推动欧盟内部发展，对统一的德国毕竟有特殊的要求。

施密特：我不认为有您后面说的对德国有特殊的要求。对德国的要求并不比您所说的法国和波兰多，实际上也不比对丹麦、西班牙、希腊等国家多。说对德国有特殊要求，这一点我不同意，因为这样会产生一种危险，让德国人觉得，他们应当领导克服眼前欧盟履行义务的危机。当其他参与国有了德国在领导的感觉时，节目就该结束了。

德国人不能要求担任领导。

斯特恩： 或者与盟国一起……

施密特： 我遇见，即使《里斯本条约》也不能真正解决欧盟丧失行为能力的危机。反之，今后十年、十五年内，欧盟将发展出一个实质上的内部核心，没有宪法，没有章程，没有条约。这个内部核心将由法国、德国、波兰、意大利、比利时和荷兰组成。到那一天，还有时日。波兰人十年后会相信，欧盟实际上远不如美利坚合众国重要。

斯特恩： 这样一来，战后的伟大成就之一就陷于危险之中了！在这一点上，我们两人看法一致。

施密特： 还没构成解体的危险，只是政治停滞的危险。

斯特恩： 已经开始停滞了。

施密特： 有两样会持续下去：一是共同市场，因为谁要是退出去，等于在经济上切胳膊锯腿；二是共同货币，因为就连贝卢斯科尼那样的民粹派也不敢重新引入里拉；里拉专家会让他明白，这么做，里拉将跌进万丈深渊。这两样东西会持续存在下去。就是说，我们会死守已经取得的成就——欧元十年前就有了，共同市场好几十年了——，但是不会有大变化。

斯特恩： 这样就足以维护战后的成就吗？

施密特： 足够了。举个例子来说，共同选举头面人物，现在，他们再次任命毫无倾向、给人留不下什么印象的巴罗佐先生。这是欧盟扩大为27个成员国以来存在的无行为能力的典型结果：头面人物有几样任务，但没有实权。

斯特恩： 我不能也不想接受这样的事实：经济与财政政策的框架是用来维系欧洲的一切。欧洲传统，欧洲文化，欧洲遗产，这些不能缩减为欧元。可以说，欧洲有一种使命。

施密特：这个不会变。但是，世界在2007年金融危机以来发生了根本变化。世界经济目前已处于"二战"以后的最低谷。所有证券交易所的资本价值去年几乎跌了一半。根据国际劳工组织（ILO）估计，2009年底全世界失业人数可能再增加5000万。在这种变化了的大环境里，欧洲只有一个机会，就是用一个声音说话，幸运的是他们有这个声音，英国人在这里扮演着特殊角色。

斯特恩：从中期来看，您认为能够遏制纽约和伦敦金融经纪人的贪欲吗？正是这种贪欲把大银行和别的金融机构推向完全丧失理性的冒险行动，从而酿成了眼下的灾难。有的人卷入了明显的犯罪活动。

施密特：不仅银行经理们的贪欲造成了世界范围的经济衰退，许多国家的政治家，特别是美国和英国的，也不敬业。事实证明，他们的调节法规和金融监督完全不够。德国也一样。比如监督部门批准私人金融机构可以把自有资本膨胀到实际值的二十到三十倍。今天，全世界数亿人对他们的经济前景失去信心。结果是全球性的通货紧缩。

斯特恩：那怎么办呢？

施密特：必须同时采取三个步骤。第一，为了让信贷市场的全部功能重新发挥作用，为了让银行重新具有行为能力，必须整顿银行及其他金融机构并重新配备资本。这方面的工作已经开始，但是现在还很难赌成功还是失败。第二，为了在世界范围内重建对金融市场的信任，必须建立一个可靠系统，对所有金融机构进行调节和监控。第三，世界经济要有需求来刺激。与1929年底1930年初的大萧条相反，多数政府今天认识到，它们必须通过膨胀性的财政预算和货币政策至少平衡一块私人投资和私人需求的不足。令人鼓舞的是，去年秋天以来，从华盛顿到北京的所有政府制定了有史以来最大的一揽子繁荣计划，各国央行为了克服通货紧缩，增加了流动资金和货币供应量。

斯特恩：经济问题上，我是外行，担心的是通货膨胀的危险，特别是在正在克服眼下危机的美国。另外，还存在着一个国家无力偿还贷款而面临破产的危险——这会给全球金融体系带来灾难性的后果。

施密特：您说的这两样都不能完全排除，对此没有秘方。尽管如此，各国政府还得动作，不能依赖所谓的市场自愈力。但各国政府不应热衷于民族国家的利己主义和保护主义。只有国际合作才能带领我们走出危机，因此，4月伦敦二十国集团首脑会议是一个好兆头。

斯特恩：中国人在各方面都跟着干，让我大开眼界。这说明，他们已经与世界经济紧紧结合起来了。这也说明，中国的外汇储备早已成为一种西方必须认识到的权力因素。我记得我们第一天的谈话，知道您在这一点上远远比我看得开。我保留对中国的担心。

施密特：刚才的大夫是从上海来的，他上礼拜在波士顿——哈佛，现在从上海来。他在两个大学作了报告。我问他：上海的气氛如何？波士顿的气氛如何？他说，区别很大，上海欣欣向荣，波士顿压抑低沉。

斯特恩：只能说，我并不感到惊讶。可是您提到了大夫，我想，我们该结束了。

施密特：是的，弗里茨。现在提我最后一个问题。

> 如果总结，您认为您的强项是什么？您的建树是什么？您留下的是什么？人们会记住您什么？

斯特恩：这您得问我的学生了。作为历史学家，我最关心的是我的朋友达伦多夫和我认为是特别的"德国问题"：怎么能够出现这样的事呢？什么样的想象和思维方式造就了希特勒？如何防止这样的事再次出现？希望我推动的事能开花结果并继续发展。但是塑造我的更是绝对不自由的经验，它也给了我追求自由的激情。不过我还想说，我一直喜欢做报、写文章掺和公众事务，有时接受咨询，建言政治。单子很长，从反越战到多次反对布什政府的活动。每当怀疑是否能从历史学到什么时，我都坚持了这种基本信念，并努力把我的知识用于实践。

施密特：美国政治家是否比德国的更容易接受这样的顾问建言？

斯特恩：我想说，基本上持平。这要看赶上哪位政治家了。当然，美国的智囊传统比德国悠久。

施密特：我早就羡慕美国的智囊团。因为德国没有类似的机构，我们在60年代初——这里的"我们"主要指弗里茨·埃尔勒和我——曾经建议并强调了在我们这里也设立无党派联系的智囊团的政治意愿。于是有了科学与政治基金会，基金会在埃本豪森工作了许多年，如今在柏林。它直接干预政治，主要是插手联邦各部，为处级和司局级官员提供教育和信息。

斯特恩：在美国，智囊团最近一段时间的素质下降。有个例子您也知道，就是外交关系委员会，因为素质远不如从前，影响也理所当然减弱了，由此失去了美国外交教育的一个碉堡。

施密特：同时失去了东海岸精英的一个碉堡。

斯特恩：绝对正确。

施密特：由不受政治界限限制的专家对实际政治建言，是政治领导迫切需要的补充。不过，在某一领域里，我们德国的建言机构泛滥成灾，这就是经济政策领域。在这个领域里，自以为是的人太多了。

斯特恩：而且其中一部分与利益挂钩。

施密特：这些经济研究机构——一个在慕尼黑，一个在柏林，一个在基尔，一个在汉堡，谁知道还有哪儿跟哪儿的——不断提出随便什么预测。每年专家委员会都要提供一份六七百页厚的鉴定报告，其中包括三篇博士论文和半篇教授论文，全部报告由一个庞大的班子制定。在这个班子里的几年，是一个很好的再教育阶段；不过整个儿多余，而且特别好为人师。这都是些不知民主为多数……

斯特恩：而且政治家需要决策。

施密特：是的，而且，即使他们并不全都知道。弗里茨，我们必须结束了，如果这三天之末，您还有未偿之愿……

斯特恩：那我就祝愿，在西方世界的意识里对共产主义和社会民主有明确的区别，即不能让右派说：这或多或少是一码事，而且错了。

施密特：我同意您说的。但是也不会特别成功。您看看目前德国社会民主党人的状况！

斯特恩：我只是说，这是我的愿望！

施密特：我跟您的愿望一致。我不觉得，我们已经完成了我们的日程，可我又说不出来缺什么，等我看到文字稿后再告诉您。不过，弗里茨，我想起一件事来。我想问您，您是否知道这句诗是谁写的："森林美好，幽暗深邃，但我有诺，睡去之前，再走几里……"

斯特恩：这是20世纪伟大的美国诗人罗伯特·弗罗斯特的。

施密特：罗伯特·弗罗斯特，对。太美了，临睡前，再走几里。

斯特恩：赫尔穆特，我祝您早早康复！谢谢您这三天。

施密特：弗里茨，该我谢谢您。

译名表

Acheson, Dean Gooderham　艾奇逊，迪安·古德哈姆

Adams, John　亚当斯，约翰

Adenauer, Konrad　阿登纳，康拉德

Agnew, Spiro Theodore　阿格纽，斯皮罗·特奥多勒

Ahmadi-nedschad, Mahmud　艾哈迈迪-内贾德，马哈穆德

Alexander der Große　亚历山大大帝

Andropow, Juri Wladimirowitsch　安德罗波夫，尤里·弗拉基米洛维奇

Ash, Timothy Garton　阿什，蒂莫西·迦通

Attlee, Clement　艾德礼，克雷门特

Augustus　奥古斯都

Aurelius, Marcus　奥勒留，马可

Bahr, Egon　巴尔，埃贡

Balfour, Arthur James　巴尔夫，阿图尔·亚莫斯

Ballin, Albert　巴林，阿尔贝特

Barroso, José Manuel　巴罗佐，荷塞·曼努埃尔

Barzel, Rainer　巴泽尔，莱纳

Bebel, August　倍倍尔，奥古斯特

Beck, C. H.　贝克，C. H.

Benedikt XVI.　本笃十六

Berggruen, Heinz　伯格鲁恩，海因茨

Berlusconi, Silvio　贝卢斯科尼，西尔维奥
Bernstein, Eduard　伯恩斯坦，爱德华
Bertram, Ernst　贝特拉姆，恩斯特
Bethmann Hollweg, Theobald von　贝特曼·霍尔维希，特奥巴尔德·封
Beveridge, William Henry　贝弗里奇，威廉·亨利
Bevin, Ernest　贝文，厄内斯特
Biedenkopf, Kurt　比登科普夫，库尔特
Bismarck, Herbert von　俾斯麦，赫伯特·封
Bismarck, Otto von　俾斯麦，奥托·封
Blair, Tony　布莱尔，托尼
Bleichröder, Gerson　布莱希罗德，格尔松
Blum, Léon　布鲁姆，列昂
Börnsen, Jonny　波恩森，卓妮
Bosch, Robert　博世，罗伯特
Brandt, Willy　勃兰特，维利
Brauer, Max　布劳尔，马克斯
Braun, Otto　布朗，奥托
Breschnew, Leonid Iljitsch　勃列日涅夫，列昂尼德·伊里奇
Briand, Aristide　白里安，阿里斯蒂德
Brüning, Heinrich　布吕宁，海因里希
Brzezinski, Zbigniew　布热津斯基，兹比格涅夫
Bucerius, Gerd　布策留斯，格尔德
Bülow, Bernhard von　比洛，伯恩哈特·封
Bundy, McGeorge　邦迪，麦克乔治
Burckhardt, Carl Jacob　布克哈特，卡尔·雅可布
Burckhardt, Jacob　布克哈特，雅可布
Bush, George Herbert Walker　（老）布什，乔治·赫伯特·沃克
Bush, George Walker　布什，乔治·沃克

Carlyle, Thomas　卡莱尔，托马斯
Carter, Jimmy　卡特，吉米
Cassirer, Ernst　卡西尔，恩斯特
Chamberlain, Houston Stewart　张伯伦，休斯顿·斯图尔特
Cheney, Dick　切尼，迪克
Chirac, Jacques　希拉克，雅克
Chruschtschow, Nikita Sergejewitsch　赫鲁晓夫，尼基塔·谢尔盖耶维奇
Churchill, Winston　丘吉尔，温斯顿
Clausewitz, Carl von　克劳塞维茨，卡尔·封
Clinton, William Jefferson　克林顿，威廉·杰斐逊
Clinton, Hillary　克林顿，希拉里
Cooper, James Fenimore　库珀，詹姆斯·费尼莫
Crassus, Marcus Licinius　克拉苏，马库斯·李锡尼

Dahrendorf, Ralf　达伦多夫，拉尔夫
Dajan, Moshe　达扬，摩西
Deng Xiaoping　邓小平
Disraeli, Benjamin　迪斯雷利，本杰明
Dönhoff, Marion Gräfin　顿霍夫，玛丽欧，女伯爵①
Döring, Wolfgang　多灵，沃尔夫冈
Dreyfus, Alfred　德雷福斯，阿尔弗雷德

Ebert, Friedrich　艾伯特，弗里德里希
Ehrlich, Paul　埃里希，保罗
Einstein, Albert　爱因斯坦，阿尔伯特
Eisenhower, Dwight David　艾森豪威尔，德怀特·戴维
Eisner, Kurt　埃斯纳，库尔特

---

① 此人终身未嫁，故不能称伯爵夫人。

Engelberg, Ernst　恩格伯格，恩斯特
Engels, Friedrich　恩格斯，弗里德里希
Erhard, Ludwig　艾哈德，路德维希
Erler, Fritz　埃尔勒，弗里茨

Felken, Detlef　菲尔肯，德特勒夫
Fichte, Johann Gottlieb　费希特，约翰·戈特利布
Ford, Gerald　福特，格拉德
Franco, Francisco　佛朗哥，弗朗西斯科
Frankfurter, Felix　法兰克福，费利克斯
Freisler, Roland　弗赖斯勒，罗兰德
Friedrich der Große　腓特烈大帝
Friedrich II.　腓特烈二世
Friedrich Wilhelm III.　弗里德里希·威廉三世
Frost, Robert　弗罗斯特，罗伯特

Gaddafi, Muammar al-　卡扎非，穆阿迈尔·阿里
Galbraith, John Kenneth　加尔布雷斯，约翰·肯尼斯
Garton Ash, Timothy　伽通·阿什，蒂莫西
Gaulle, Charles de　戴高乐，查尔斯
Genscher, Hans-Dietrich　根舍，汉斯–迪德里希
Georgi, Friedrich　格奥尔基，弗里德里希
Georgi, Rosemarie　格奥尔基，罗萨玛丽
Gerashchenko, Viktor　格拉施琴柯，维克托
Gerson, Helmut　格尔松，赫尔穆特
Gierek, Edward　吉莱克，艾德华
Giscard d'Estaing, Valéry　吉斯卡尔·德斯坦，瓦勒里
Glaser, Gertrud　格拉瑟，格特鲁德
Glaser, Hermann　格拉瑟，赫尔曼

Gobineau, Arthurde 哥比诺，阿瑟·德

Goebbels, Joseph 戈培尔，约瑟夫

Gödel, Kurt 哥德尔，库尔特

Goethe, Johann Wolfgang von 歌德，约翰·沃尔夫冈·封

Goldmann, Nahum 戈德曼，纳胡穆

Gonzales, Felipe 冈萨雷斯，菲立普

Gorbatschow, Michail Sergejewitsch 戈尔巴乔夫，米哈伊尔·谢尔盖耶维奇

Greten, Heiner 格雷滕，海涅

Groener, Wilhelm 格略纳，威廉

Gromyko, Andrei Andrejewitsch 葛罗米柯，安德雷·安德烈耶维奇

Grunenberg, Nina 格鲁纳贝格，尼娜

Gumpel, Ludwig 贡波尔，路德维希

Guttenberg, Karl Theodor Freiherr von und zu 古腾贝格男爵，卡尔·特奥尔多·封–祖

Guttenberg, Karl-Theodor zu 古腾贝格，卡尔·特奥尔多–祖[①]

Haig, Alexander 黑格，亚历山大

Hamilton, Alexander 汉密尔顿，亚历山大

Hamm-Brücher, Hildegard 哈穆–布吕歇尔，希尔德佳德

Hardenberg, Karl August von 哈登贝格男爵，卡尔·奥古斯特·封

Havel, Václav 哈维尔，瓦茨拉夫

Hebbel, Christian Friedrich 海伯尔，克里斯蒂安·弗里德里希

Hegel, Georg Wilhelm Friedrich 黑格尔，乔治·威廉·弗里德里希

Henderson, Leon 亨德森，立昂

Heuss, Theodor 豪约斯，特奥尔多

Hilferding, Rudolf 希法亭，鲁道夫

---

① 这位是上面那位的孙子，只有"祖"，没有"封"，其夫人是俾斯麦玄孙女，既有"封"也有"祖"。

Hindenburg, Oskar von　兴登堡，奥斯卡·封
Hindenburg, Paul von　兴登堡，保罗·封
Hitler, Adolf　希特勒，阿道夫
Hohenlohe-Schillingsfürst, Chlodwig zu　霍恩罗－施灵弗尔斯特，克罗德维希·祖
Honecker, Erich　昂纳克，埃里希
Huizinga, Johan　赫伊津哈，约翰
Humboldt, Alexander von　洪堡，亚历山大·封
Humboldt, Wilhelm von　洪堡，威廉·封
Hume, David　休谟，大卫

Iwan der Schreckliche　恐怖的伊万

James, Henry　詹姆斯，亨利
James, William　詹姆斯，威廉
Jaruzelski, Wojciech　雅鲁泽尔斯基，沃伊切赫
Jaurès, Jean　饶勒斯，让
Jay, John　乔伊，约翰
Jefferson, Thomas　杰斐逊，托马斯
Jelzin, Boris Nikolajewitsch　叶利钦，波利斯·尼古拉耶维奇
Johannes Paul II.　约翰·保罗二世
Johnson, Lyndon Baines　约翰逊，林登·贝恩斯
Juan Carlos　胡安·卡洛斯一世

Karlauf, Thomas　卡尔劳夫，托马斯
Kaczyński, Jarosław　卡钦斯基，雅罗斯瓦夫
Kaczyński, Lech Alexander　卡钦斯基，莱赫·亚历山大
Kaunda, Kenneth　卡翁达，肯尼斯
Kennan, George　坎南，乔治

Kennedy, John Fitzgerald　肯尼迪，约翰·菲茨杰拉德
Kennedy, Robert Francis　肯尼迪，罗伯特·弗兰西斯（鲍比）
Kerry, John　克里，约翰
Keynes, John Maynard　凯恩斯，约翰·梅纳德
Kiesinger, Kurt Georg　基辛格，库尔特·乔治
Kissinger, Henry Alfred　基辛格，亨利·阿尔弗莱德
Köhler, Wolfgang　科勒，沃尔夫冈
König, Franz　科尼西，弗兰茨
Kohl, Helmut　科尔，赫尔穆特
Kolakowski, Leszek　科拉科夫斯基，莱谢克
Kraft, Waldemar　克拉夫特，瓦尔德马
Kreisky, Bruno　克莱斯基，布鲁诺
Krüger-Penski, Birgit　克吕格-彭斯基，布丽吉特

Langbehn, Julius　朗贝恩，尤利乌斯
Larsen, Finn B.　拉尔森，芬恩·B.
Lassalle, Ferdinand　拉萨尔，费迪南
Laue, Max von　劳厄，马克斯·封
Le Bon, Gustave　勒庞，古斯塔夫
Lenin, Wladimir Iljitsch　列宁，弗拉基米尔·伊里奇
Lepenies, Wolf　莱波尼斯，沃尔夫
Limbaugh, Rush　林堡，拉什
Lincoln, Abraham　林肯，亚伯拉罕
Lindbergh, Charles　林白，查尔斯
Locke, John　洛克，约翰
Longfellow, Henry Wadsworth　朗费罗，亨利·沃兹沃思
Ludendorff, Erich　鲁登道夫，埃里希
Ludendorff, Mathilde　鲁登道夫，玛蒂尔德
Lübbe, Hermann　吕博，赫尔曼

Luther, Martin　路德，马丁

Madison, James　麦迪逊，詹姆斯
Mahan, Alfred Thayer　马汉，阿尔弗雷德·塞耶
Mazower, Mark　马祖维尔，马尔克
Mann, Thomas　曼，托马斯
Makarios von Zypern　马卡留斯·封·塞浦路斯
Mao Zedong　毛泽东
Marc Aurel　马可·奥勒留
Marshall, George Catlett　马歇尔，乔治·卡特利特
Marx, Karl　马克思，卡尔
McCarthy, Joseph　麦卡锡，约瑟夫
McCloy, John Jay　麦克洛伊，约翰·杰伊
Meier, Richard　迈尔，理查德
Meir, Golda　梅厄，格尔达
Mendès-France, Pierre　孟戴斯－弗朗斯，皮埃尔
Merkel, Angela　默克尔，安格拉
Miegel, Meinhard　米格尔，迈因哈德
Mill, John Stuart　穆勒，约翰·斯图亚特
Mohl, Robert von　穆尔，罗伯特·封
Moltke, Helmuth Johannes Ludwig von　莫尔特克，赫尔穆特·约翰内斯·路德维希·封
Mommsen, Theodor　蒙森，特奥多尔
Monroe, James　门罗，詹姆斯
Montesquieu, Charles de Secondat, Baron de　孟德斯鸠男爵，夏尔·德·塞孔达
Müller, Hermann　穆勒，赫尔曼
Mugabe, Robert　穆加贝，罗伯特

Napoleon I. Bonaparte　拿破仑一世，波拿巴
Naumann, Klaus　瑙曼，克劳斯
Necker, Tyll　奈克尔，梯尔
Neumann, Franz　诺伊曼，弗兰茨
Nietzsche, Friedrich　尼采，弗里德里希
Nixon, Richard　尼克松，理查德
Niemeier, Rosemarie　尼迈尔，卢瑟玛丽
Novalis, Friedrich von Hardenberg　诺瓦利斯，弗里德里希·封·哈尔登堡
Nunn, Samuel Augustus　纳恩，塞缪尔·奥古斯都

Obama, Barack Hussein　奥巴马，巴拉克·侯赛因
Olbricht, Friedrich　奥尔布李希特，弗里德里希
Ollenhauer, Erich　奥伦豪尔，埃里希
Ortega y Gasset, José　奥尔特加·伊·加塞特，荷塞

Panofsky, Erwin　帕诺夫斯基，埃尔文
Papen, Franz von　巴本，弗兰茨·封
Pei, Ieoh Ming　贝聿铭
Perikles　伯里克利
Perry, William James　佩里，威廉·詹姆斯
Pétain, Philippe　贝当，菲利普
Peter der Große　彼得大帝
Picasso, Pablo　毕加索，帕勃罗
Pizarro, Francisco　皮萨罗，弗朗西斯科
Planck, Max　普朗克，马克斯
Pompidou, Georges　蓬皮杜，乔治
Portugalow, Nikolai　波图加洛夫，尼古莱
Powell, Alma　鲍威尔，阿尔玛
Powell, Colin　鲍威尔，科林

Pufendorf, Samuel von　普芬多夫，萨穆埃尔·封
Putin, Wladimir Wladimirowitsch　普京，弗拉基米尔·弗拉基米罗维奇

Quayle, Dan　奎尔，丹

Raabe, Wilhelm　拉贝，威廉
Rabin, Jitzhak　拉宾，伊扎克
Rantzau, Kuno zu　楚兰曹，库努
Rapacki, Adam　拉帕茨基，亚当
Rathenau, Walther　拉特瑙，瓦尔特
Ratzinger, Joseph Alois　*siehe* Benedikt XVI.　拉钦格，约瑟夫·阿罗伊斯　参见本笃十六
Rau, Johannes　劳，约翰内斯
Reagan, Ronald　里根，罗纳德
Remarque, Erich Maria　雷马克，埃里希·玛丽亚
Remé, Jürgen　雷梅，于尔根
Reuter, Ernst　罗伊特，恩斯特
Rice, Condoleezza　赖斯，康多莉扎
Rockefeller, David　洛克菲勒，大卫
Rockefeller, David Jr.　洛克菲勒，大卫（子）
Rockefeller, Nelson Aldrich　洛克菲勒，纳尔逊·奥尔德里奇
Röhl, John　罗尔，约翰
Rolfink, Armin　罗尔芬克，阿民
Römer, Hans　罗马，汉斯
Rommel, Erwin　隆美尔，埃尔文
Roosevelt, Franklin Delano　罗斯福，富兰克林·德拉诺
Rousseau, Jean-Jacques　卢梭，让－雅克
Rumsfeld, Donald　拉姆斯菲尔德，唐纳德
Rusk, Dean　腊斯克，迪安

Sacharow, Andrei Dmitrijewitsch　萨哈罗夫，安德列，德米特里耶维齐
Schacht, Hjalmar　沙赫特，亚尔马
Schama, Simon　沙马，西蒙
Scharnhorst, Gerhard von　沙恩霍斯特，格哈德·封
Schewardnadse, Eduard　谢瓦尔泽纳德，爱德华
Schiller, Friedrich　席勒，弗里德里希
Schiller, Karl　施勒，卡尔
Schleicher, Kurt von　施莱歇尔，库尔特·封
Schlesinger, Arthur Meier　施莱辛格，阿瑟·迈尔
Schlieffen, Alfred von　施里芬，阿尔弗莱德·封
Schmid, Carlo　施密特，卡罗
Schmidt, Gustav　施密特，古斯塔夫
Schmidt, Hannelore (Loki)　施密特，汉娜露勒（罗吉）
Schmidt, Helmut　施密特，赫尔穆特
Schmidt, Ludovika　施密特，露杜薇卡
Schöning, Ernst　帅宁，恩斯特
Schulz, George Pratt　舒尔茨，乔治·普拉特
Schulz, Peter　舒尔茨，彼得
Schumacher, Kurt　舒马赫，库尔特
Schuman, Robert　舒曼，罗伯特
Severing, Carl　塞沃林，卡尔
Shankar, Ravi　拉维·尚卡尔
Shaw, George Bernard　肖伯纳
Sheehan, James　希恩，詹姆斯
Shultz, George Pratt　舒尔茨，乔治·普拉特
Sifton, Elisabeth　西夫桐，伊丽莎白
Solschenizyn, Alexander Issajewitsch　索尔仁尼琴，亚历山大·伊萨耶维奇
Sombart, Werner　桑巴特，维尔纳

Sommer, Theo 索默尔，特奥

Sorensen, Ted 索伦森，泰德

Spengler, Oswald 斯彭格勒，奥斯瓦德

Stalin, Josef 斯大林，约瑟夫

Stein, Heinrich Friedrich Karl von und zum 施泰因，海因里希·弗里德里希·卡尔·封－祖

Steinmeier, Frank-Walter 施泰因迈尔，弗兰克－瓦尔特

Stendhal, Marie-Henri Beyle 司汤达，玛利－亨利·贝尔

Stern，Fritz 斯特恩，弗里茨

Stern, Käthe 斯特恩，凯特

Stern, Otto 斯特恩，奥托

Stern, Rudolf 斯特恩，鲁道夫

Stern, Toni 斯特恩，托尼

Stevenson, Adlai Ewing 斯蒂文森，阿德莱·尤因

Storm, Theodor 施托尔穆，特奥多尔

Strauß, Franz Josef 施特劳斯，弗兰茨·约瑟夫

Strauss, Leo 施特劳斯，列奥

Streicher, Julius 施特莱歇尔，尤里乌斯

Stresemann, Gustav 施特雷泽曼，古斯塔夫

Summers, Lawrence 萨默斯，劳伦斯

Tal, Israel 塔尔，以色列

Tawney, Richard Henry 托尼，理查德·亨利

Thatcher, Margaret 撒切尔，玛格丽特

Thomas, Clarence 托马斯，克拉伦斯

Thukydides 修昔底德

Tocqueville, Alexis de 托克维尔，亚利克西斯·德

Trilling, Lionel 特里林，里奥奈尔

Trudeau, Pierre 特鲁多，皮埃尔

Tschernenko, Konstantin Ustinowitsch　契尔年科，康斯坦丁·乌斯提诺维奇

Tuchman, Barbara　塔其曼，芭芭拉

Tucholsky, Kurt　图霍尔斯基，库尔特

Veblen, Thorstein　凡勃伦，索尔斯坦

Vogel, Bernhard　弗格尔，伯恩哈德

Wagner, Richard　瓦格纳，理查德

Warburg, Aby　沃伯格，阿比①

Warburg, Eric　沃伯格，埃里克

Warburg, Maria　沃伯格，玛丽亚

Warburg, Max　沃伯格，马克斯②

Washington, George　华盛顿，乔治

Webb, Sidney　韦布，悉尼

Webb, Beatrice Potter　韦布，比阿特丽丝·波特

Weber, Max　韦伯，马克斯

Wehner, Herbert　韦纳，赫伯特

Weichmann, Elsbeth　魏希曼，艾丽丝白特

Weichmann, Herbert　魏希曼，赫尔伯特

Weizsäcker, Richard von　魏茨泽克，理查德·封

Welch, Joseph　韦尔奇，约瑟夫

Wenzel, Friederike Christine Eduardine　文策尔，弗里德里克·克里斯蒂娜·爱德华迪纳③

Westerwelle, Guido　韦斯特韦勒，基度

Whitman, Walt　惠特曼，沃尔特

---

① 以下沃伯格均为亲属，名字未必出现在书中。

② 埃里克·沃伯格之父。

③ 此名正文中没出现，应为施密特先生外祖父。

Wilhelm I. 威廉一世

Wilhelm II. 威廉二世

Wilms, Dorothee 威廉姆斯，多罗特

Wilson, Harold 威尔逊，哈罗德

Wilson, Woodrow 威尔逊，伍德罗

Wirth, Josef 维尔特，约瑟夫

Wojtyla, Karol *siehe* Johannes Paul II. 沃伊蒂瓦，卡罗尔 参见约翰·保罗二世

Wolf, Markus 沃尔夫，马库斯

Wyszynski, Stefan 沃伊钦斯基，施泰凡

Wyzanski, Charles 魏赞斯基，查尔斯

Zola, Émile 左拉，埃米尔

译后记

两位作者，施密特生于1918年，德国卸任总理，斯特恩生于1926年，美国退休史学教授。2009年夏天，两位在施密特老宅促膝三天，话百年沧桑，本书便是谈话记录。

百年里对两人影响最大的历史事件莫过于"二战"：斯特恩跟着犹太父母亡命美国，成了历届美国总统顾问；施密特隐瞒了犹太外祖父，却没逃过当兵的劫数，不过因祸得福，从反战到创立战后学联，从此踏上政治不归途。"二战"于是成为谈话的切入点，听过来人说亲历事，特别是与史书不一致处，备受启发。刚一开头，两位就抬起杠来，史学家认为，小兵施密特1941年6月就断定德国必败，不寻常、不可思议、不符合当时德国人的战争狂热心理，怀疑是年代错误。政治家则言之凿凿，时间、场合、证人俱全，甚至肯定："上等兵里——只要他们自己在一起时——肯定有上千次这样的交谈。"史实挑战史书，是本书特点之一。

谈话以上一世纪德国史为主，往前上溯到腓特烈大帝，向后直到刚当选的奥巴马，横向贯冲欧、美、亚，立体包囊经济、政治、军事、文化、科学、社会，具体说及二百余年历史事件、论到三百多国际人物。两位月旦人物，口无遮拦，比如说到"一战"决策者威廉二世，斯特恩说他"什么都不懂"，"一个可怕的另类，不仅对于德国，而且对于整个欧洲都是个异数"。施密特的评价更简洁、干脆："一个王八蛋！"人物中有两位亲历的美、苏、中当时在位领导人，对这些人的评价尤其真实、中肯。比如两位都高度评价没能当上美国总统的纳尔逊·洛克菲勒，施密特回忆第一次见面时，道出一句肺腑之言："真是个好人！"施密特当总理时，跟中、苏领导人打过交道，说勃列日涅夫怕打仗，摔地图，活灵活现，末了补上："尤其怕跟中国打仗，所以我跟他从来没提过我跟毛泽东的谈话。1975年我去中国，毛泽东接见我时，从克劳塞维茨谈起。然后我们谈到中苏关系，毛知道的清清楚楚，说他们在那里有多少多少坦克师，有多少多少导弹瞄准我们的城市，可是我们让他们进来，他们将淹没在中国人民群众的大海里。他非常有把握，中国人必胜。他非常自信，打仗，我们准赢！俄国人怕打仗。"这样的陈年老窖，书中俯拾皆是。

两位都有犹太血统，对以色列却都有微词，但他们明白，无论在美国还是德国，批评以色列都是一脚踏进言论禁区，一旦戴上反犹帽子，你就成了纳粹。可是谈德国近代史，以色列是一个绕不开的题目。斯特恩："这个题目不为人，在美国不为人，在以色列也不为人。"施密特："在德国也不为人。我不想老了老了还去得罪人。"可是两位到底还是豁出去得罪人了，权当施密特的老屋是个三不管的真空地，说个痛快。斯特恩揭发以色列早就造出了核弹，批评美国新保守党人不管对错，以色列干什么都支持。施密特则直接批评德国现政权，指名道姓问动机："究竟是什么使得默克尔女士2008年以总理的身份公开说，德国对以色列的安全负有责任？是由于亲美政策还是出自说不清楚的道德动机？在我眼里，这太过分了。"一位九旬老人不但指出皇上没穿衣裳，还要挖其道德动机，在一个用"反犹违宪"钳制言论的历史矮国，需要何等政治勇气！

中国是一个独特的话题。斯特恩担心"中国作为唯一的大国，作为唯一崛起的大国与美国抗衡"。施密特则反驳这种担心毫无历史根据："如果我脑子里存储的中国历史八九不离十的话，中国可从来没当过帝国主义大国，4000年里从没有过。中国人历来知足，他们满足于外国君主来中国访问、给皇上磕头、带礼物进贡，然后慷慨地打发他们打道回府。"施密特推崇儒家学而优则仕的公务员制度，尤其看重近年中国教育的进步："过去15年里他们在大学教育方面取得的成就令人惊异。我斗胆预言，用不了多久，没学位的人，而且是没本国学位的人，甭想进政治局，更甭想进政治局常委。最近大学扩建规模与教育发展速度，真令人难以设想。"除了教育，他还指出中国法制的进步："一个省的省长批准死刑的时代结束了，成为往事。"值得注意的是他对中国领导人才干的担心："我视为可能的危险是，中国需要一位领袖人物，但是领导天才不是哪一代都有。"这话是2009年6月说的，后面还有一句，融注了对前人的评价和对后人的鞭策："没有第二个邓小平！"

  两位耄耋智者，三天跑下一场跨时空马拉松，成就了这部空前的史普著作。译者囿于知识和阅历，误解、误译之处，敬请指正。

王容芬
2014年2月16日

图书在版编目(CIP)数据

百年世事：德国原总理施密特与美国历史学家斯特恩对话录
／（德）施密特（Schmidt，H.），（美）斯特恩（Stern，F.）著；
王容芬 译. —北京：中央编译出版社，2014.5
ISBN 978-7-5117-2088-7

Ⅰ. ①百…
Ⅱ. ①施… ②斯… ③王…
Ⅲ. ①世界史-20世纪-通俗读物
Ⅳ. ①K15-49
中国版本图书馆CIP数据核字（2014）第048111号

Unser Jahrhundert：Ein Gespräch
by Helmut Schmidt & Fritz Stern
© Verlag C. H. Beck oHG，München 2011
All rights reserved.

百年世事：德国原总理施密特与美国历史学家斯特恩对话录

出 版 人：	刘明清
出版统筹：	薛晓源
责任编辑：	冯　章　侯天保
责任印制：	尹　珺
出版发行：	中央编译出版社
地　　址：	北京西城区车公庄大街乙5号鸿儒大厦B座（100044）
电　　话：	（010）52612345（总编室）　（010）52612339（编辑室）
	（010）52612316（发行部）　（010）52612315（网络销售）
	（010）52612346（馆配部）　（010）66509618（读者服务部）
传　　真：	（010）66515838
经　　销：	全国新华书店
印　　刷：	北京尚唐印刷包装有限公司
开　　本：	787毫米×1092毫米　1/16
字　　数：	190千字
印　　张：	15.75
版　　次：	2014年5月第1版第1次印刷
定　　价：	68.00元

网　　址：	www.cctphome.com　　邮　箱：cctp@cctphome.com
新浪微博：	@中央编译出版社　　微　信：中央编译出版社（ID：cctphome）

本社常年法律顾问：北京市吴栾赵阎律师事务所律师　闫军　梁勤
凡有印装质量问题，本社负责调换。电话：010-66509618